《新加坡调解公约》批准与实施机制研究

主　编　刘敬东

副主编　孙　巍　傅攀峰　孙南翔

中国社会科学出版社

图书在版编目（CIP）数据

《新加坡调解公约》批准与实施机制研究/刘敬东主编. —北京：
中国社会科学出版社，2021.5

ISBN 978 - 7 - 5203 - 8272 - 4

Ⅰ.①新…　Ⅱ.①刘…　Ⅲ.①国际商事仲裁—研究　Ⅳ.①D997.4

中国版本图书馆 CIP 数据核字（2021）第 075168 号

出 版 人	赵剑英	
责任编辑	黄 晗	
责任校对	王玉静	
责任印制	王 超	

出　　版	中国社会科学出版社	
社　　址	北京鼓楼西大街甲 158 号	
邮　　编	100720	
网　　址	http://www.csspw.cn	
发 行 部	010 - 84083685	
门 市 部	010 - 84029450	
经　　销	新华书店及其他书店	

印　　刷	北京明恒达印务有限公司	
装　　订	廊坊市广阳区广增装订厂	
版　　次	2021 年 5 月第 1 版	
印　　次	2021 年 5 月第 1 次印刷	

开　　本	710 × 1000　1/16	
印　　张	14.25	
插　　页	2	
字　　数	210 千字	
定　　价	78.00 元	

序　言

　　我与刘敬东老师结缘是在 2017 年 8 月北京仲裁委员会举办的"国际商事和解协议的跨国执行：机遇和挑战"研讨会上，我受邀担任会议主持人。彼时联合国国际贸易法委员会第二工作组（仲裁和调解）起草《联合国关于调解所产生的国际和解协议公约》（以下简称《新加坡调解公约》）已具雏形，在全球范围推介宣传、集思广益的工作紧锣密鼓。按惯常排序，对于重大研究项目，特别是像《新加坡调解公约》所述的跨境商事和解协议的执行救济责任，最终会落实到执行地主管机关——法院头上，因此成员国的司法部门尤其慎重，因为他们要执行的不是域外法院或仲裁庭的判决或裁决，而直接就是一个或多个外国人的商业安排。尽管在参加制定《新加坡调解公约》过程中，大到制度设计小至条款措辞，我都与法院相关部门和一些年轻法官保持密切沟通，但与高层领导面对面探讨还是第一次。时任最高人民法院民事审判第四庭副庭长的刘敬东老师一派谦谦学者风度，他首先告知最高法院正在积极研究对国内临时仲裁裁决的承认与执行问题，第二，最高人民法院支持多元化解决商事争议并进一步提出，如果《新加坡调解公约》不能马上落地，也可以把跨境商事和解协议转化成仲裁裁决，从而通过《纽约公约》机制执行。刘敬东老师的发言引发我两个思考，一是国内法院考虑放开对国内临时仲裁裁决的承认与执行，说明中国自 1987

年加入《承认及执行外国仲裁裁决公约》（即《纽约公约》），在临时仲裁问题上实行了三十多年对外开放、对内不开放的双轨制，现已到了并轨之时。二是将经调解达成的商事和解协议转化为仲裁裁决，虽然可以通过《纽约公约》执行，但需要当事人之间存在有效的仲裁协议，且仍需要承担仲裁费用；同理，如果将商事调解协议转化为法院判决，除非法院地国和执行地国之间有承认和执行法院判决的双边或多边条约，否则仍较难得到执行。所以依附仲裁或司法协助执行公约，调解的高效、低成本优势并不能得以充分体现。

与刘敬东老师的再次交集是刘老师结束在最高人民法院挂职回到中国社会科学院国际法研究所继续担任国际经济法室主任之后，这份评估研究报告诞生之初。

2019 年 6 月间，《新加坡调解公约》签署在即，中国要不要作为公约首批签署国？业界仍有不同声音。中国素有"以和为贵"的传统，自三千年前的周代即有"掌司万民之难而谐和之"的调人，[①] 有似于当今的人民调解员，但无论从调解人产生还是调解方式上看，都与当今美欧通行的商事调解理论与实践存在巨大差距。[②] 目前中国内地尚缺乏对国际商事调解的系统研究，个别学者和从业人员还固守"调审合一"的所谓"东方经验"。我不反对在商事仲裁过程中做一些调解与仲裁相结合的尝试，但调解与仲裁毕竟是争议解决的两种途径，调解是通过使争议双方实现利益最大化达到化解矛盾的目的，而仲裁与诉讼则是通过分辨是非曲直来定分止争，思路迥异。调解成功有赖于当事人对调解员充分信任，畅所欲言，但如果当事人意识到其所述的每一句话都有可能被摇身一变的调解员作为仲裁或诉讼程序中的呈堂证供，该当事人势必三缄其口，其

---

① 《周礼·地官·调人》，上海古籍出版社 2016 年版，第 269 页。
② 费孝通：《乡土中国》，北京出版社 2005 年版，第 77—84 页。

结果必将使调解成功率大打折扣。因此，我不认为仲裁员在解决同一争议中也充当调解员的角色是妥当的。很多国人认识不到这一点，片面地以为调解就是"和稀泥"，就是调解员劝说当事人让步或者接受自己提出的解决方案。这种由法官或仲裁员来做的居高临下、以势压人的"调解"并不是真正的调解。

在中国是否积极加入《新加坡调解公约》问题上，初期的确有争议。反对的声音有"早加入吃亏"说、"国内缺乏配套法律"说、"逆向不对等"说、"虚假调解"说、"增加司法工作量"说云云。我认为这些说法出自一种错误的先验论，缺乏逻辑支撑。例如"虚假调解"本是一种与"虚假诉讼""虚假仲裁"并存的现象，如同有纸币就有伪钞一样，并不是纸币制度本身所必然导致的问题，不能因为出现伪钞就取缔纸币。另外还有一件事令我百思不解，中国于1986年决定加入《纽约公约》，但直至1994年才有了第一部《仲裁法》，长达八年时间没有配套法律，但为何并未妨碍中国迄今一直是世界上执行《纽约公约》的典范？

作为一个具有调解传统的大国，究竟要不要积极推动国际商事调解的多边合作？商务部采取了向学术界招标的方式。刘敬东老师立即欣然请缨，说："我们中国社会科学院国际法所国际经济法室有一支活力四射的留学归国团队，加上我曾经在最高法院民四庭任职的经验与人脉，我们有信心也有实力承担这项研究项目，但我们的顾虑是一个多月后《新加坡调解公约》就要向世界各国开放签字了，在这么短时间内要深入调研，分析利弊，怕是欲速不达。"我当即表示，学术界的支持是中国加入《新加坡调解公约》的催化剂，但学术研究不是只为政府决策作注解，而应当尊重学术规律，恪守学术规范，秉笔直书，为构建人类命运共同体寻求普世的价值观，是故，我们不搞限时作文，只求把这一国际商法史上重大研究项目做扎实。

在中国签署《新加坡调解公约》四个月后，刘敬东老师团队完成了《〈新加坡调解公约〉评估研究报告》初稿，不是急就章，而是凝聚着刘敬东老师、孙巍律师、孙南翔助理研究员、傅攀峰助理研究员半年多的心血。由于缺乏现成学术资料，为总结商事调解实践经验，仅调研差旅就占据了大半捉襟见肘的科研经费，但他们交出了一项高质量的研究报告。该报告没有局限于中国学者惯常的利弊分析，而是秉持着学术理性、立足于中国国情、致力于与世界接轨，回应了我前面提及的各种"假说"。这份研究报告使我想起商事仲裁界一个流行说法：三流的裁决书写给当事人看，二流的裁决书写给同行专家看，一流的裁决书写给历史看，大师级的仲裁员只为公平、正义、良知的巍峨。一份厚重的裁决书充斥了烦琐的案件办理程序、两造陈述、事实查明、逻辑推理和结论阐述，调解书则没那么复杂而只谈处理结果，两三页纸得大圆满，但这两三页纸的背后却往往凝聚着难以量化的调解员智慧、耐心、情怀与汗水。刘敬东老师提交的这份研究报告有似于此，但可不止两三页纸。报告者，阶段性之总结。然而，我希望这份研究报告能启发读者思考，激发新的真知，开启一段新的征途。行百里者半九十，《新加坡调解公约》在中国落地之路尚未结束，愿报告为此助力，哪怕助力走上二三里。

温先涛

商务部条约法律司二级巡视员

2020 年 10 月 30 日

摘　　要

　　《新加坡调解公约》的诞生推动了国际商事调解制度成为司法制度、商事仲裁制度之后又一国际社会普遍认可的国际商事纠纷解决方式，开辟了国际商事纠纷解决的崭新局面。中国对于《新加坡调解公约》的态度备受关注，中国最终决定签署《新加坡调解公约》产生了重要而深远的影响，充分表明中国政府支持多边主义的坚定立场，充分表明中国政府坚持通过谈判协商解决国际争端的坚定理念，充分表明中国政府推动形成全面开放新格局的坚定决心。对于中国参与全球经济治理和国际规则制定，对于中国改善营商环境、建设诚信社会、推进"一带一路"建设法治化体系，对于中国商事调解市场的形成及法律服务能力提升而言，均具有重大意义。

　　在肯定《新加坡调解公约》对中国的积极意义的同时，还应当充分认识到，若将《新加坡调解公约》真正落地中国，还有许多艰巨的任务需要完成。

　　当前面临的主要问题是：中国商事调解制度建设尚处于刚刚起步阶段，商事调解立法、司法等方面几乎处于空白状态，许多部门甚至相关领导对于国际商事调解制度缺乏科学认知，易将商事调解这一专业化水平、调解员品德及专业能力要求极高的调解制度与中国《人民调解法》规范和调整的、旨在解决民间纠纷的民事调解相混淆，故而对商事调解产生误解。人民法院对于因中国加入《新加坡调解公约》而可能产生的执行国际调解协议的案件量增加深表担忧，对于可能因虚假调解而产生的侵害公共利益及第三方合法权益的风险心有余悸。由于管理体制机制方面的原因，中国的国有企业是否真正具有运用《新加坡调解公约》解决其与外商之间商事纠纷的意愿还存在诸多不确定因素等。

此外，《新加坡调解公约》本身还具有一些不同于承认与执行外国仲裁裁决的《纽约公约》的特点，主要是：除公约明文规定的两项保留外禁止对公约做出其他保留，不存在调解地的法律概念（也无法确定调解地），进而没有类似于仲裁地管辖当局（一般是法院）对仲裁裁决审查机制那种对调解协议进行审查的前置审查机制，禁止设置互惠保留，即非签约国的当事人亦可援引该公约到公约缔约国境内申请强制执行其达成的商事调解协议等。

凡此种种，都是中国批准《新加坡调解公约》所面临的困难和挑战，是中国在批准《新加坡调解公约》前必须逐一解决的法律难题。

研究项目组就推动《新加坡调解公约》在中国最终落地工作提出以下若干建议。

一 宏观政策建议

第一，大力促进和加强商事调解法律理论的研究

当前，中国对商事调解理论的研究几乎处于空白状态。理论研究的缺乏导致商事调解的实践面临诸多障碍，主要建议如下。其一，推出一批重要的法律理论文章。此类文章不仅着眼于《新加坡调解公约》本身，还应该结合最新的域外经验，为中国商事调解制度的构建提供理论指引。其二，推出一批专业著作，解决我国商事调解法律制度的基本理论问题，系统阐述商事调解与人民调解的关系与区别，宣传商事调解制度的先进性、技术性及国际性特色。其

三，提倡商事调解法律制度进高校、进课堂。特别是应组织专门团队编写商事调解法律制度教材，并将其纳入国际经济法教学大纲中。

第二，采取有力举措推动建立现代商事调解制度

其一，要树立商事调解机构的品牌意识。中国商事调解机构通过主动创建品牌，促进商事调解理念深入人心。其二，推出具有中国智慧与国际水准的商事调解规则。应打造具有中国特色并结合国际最新实践的商事调解规则范本。其三，应推出一批具有公信力和影响力的金牌商事调解员，建立市场对商事调解的信心。其四，应推出一批著名的商事调解成功案例，特别是应选取具有国有企业参与、金额相对较大的案件，宣传商事调解快速、有效化解纠纷的功能与效果。其五，借鉴全球国际商事仲裁大会，探索中国主办全球性的国际商事调解大会（ICCM）。

第三，应积极推动相关政府部门支持、人民法院配合，共同为《新加坡调解公约》落地创造条件

其一，制定批准《新加坡调解公约》的时间表、路线图，加强政府相关部门、立法部门、司法部门之间的工作协调，建立常设协调议事机制。其二，将批准条约前应解决的问题进行系统梳理，分门别类，在认真研究基础上，逐一解决。其三，积极推动中国商事调解立法尽快纳入立法规划，在此之前，可考虑在已经进入立法程序中的《民事强制执行法》中设置专门条款，对执行国内外调解协议做出原则性规定。其四，人民法院应通过制定司法解释的方式建立执行国际调解协议的审查程序和条件，对符合条件的国际商事和解协议提供司法救济，为最终批准条约创造条件。

二　批准公约前的重点工作建议

第一，推动中国司法机构与《新加坡调解公约》的对接

　　鉴于中国目前并没有执行国际和解协议的程序规则，且立法程序相对冗长，建议分"两步走"解决中国批准《新加坡调解公约》后制度对接问题。即，第一步，可考虑在已经进入立法程序中的《民事强制执行法》中设置专门条款，对执行国内外调解协议做出原则性规定，再通过发布司法解释方式解决执行国际和解协议程序规则；第二步，通过对商事调解专门立法的方式，实现我国法律制度与《新加坡调解公约》的衔接。

　　其一，在审查机构上，应规定申请中国主管机关执行和解协议的前提为被执行人或其财产所在国在我国境内，并应由和解协议一方当事人向被执行人所在地或其财产所在地的中级人民法院提出。其二，在审查内容上，中国司法机构应对和解协议的形式、当事方对和解协议的异议，以及和解协议是否违背我国公共政策、是否属于不可调解事项进行审查。其三，在审查程序上，中国有管辖权的人民法院接到一方当事人的申请后，应对申请执行的和解协议进行审查，如果认为不具有《新加坡调解公约》所列拒绝情形，应当执行。如果认定将对国际商事和解协议拒绝执行，应履行逐级报核制度，由最高人民法院答复后，方可裁定拒绝。其四，在执行程序上，国际和解协议的执行应采取"审查与执行分离"的模式，先由人民法院的涉外庭或涉外部门进行形式审查，再由执行部门进行强制执行。其五，为实现中国法律制度与《新加坡调解公约》的有效衔接，在批准公约前，可在最高人民法院国际商事法庭、自贸区、自贸港、大湾区等地区法院进行先行先试。

　　第二，批准公约时可不作任何保留，也可考虑在批准公约时采纳公约规定的第二项保留，待时机成熟时，取消此项保留

　　在保留问题上，研究项目组首先建议，中国政府批准《新加坡调解公约》时首选不作任何保留。但与此同时，考虑到各部门的意见及法学界、商事调解界专家、学者的建议，为了减轻因批准公约

给国内相关部门可能带来的压力，为批准公约创造国内条件，故建议也可考虑第二种选择方案：采纳公约第二条规定的保留，即《新加坡调解公约》第8条第1款（b）项规定的保留条款内容为"本公约适用，唯需和解协议当事人已同意适用本公约。"根据此项保留，可排除一些当事人签署的、未列明适用《新加坡和解公约》的和解协议的执行，以此减轻因批准公约可能产生的执行国际和解协议的巨大负担。待国内各方面条件成熟时，应当取消此项保留。

第三，积极探索制定独立的商事调解法并修订现有法律

其一，中国应借鉴《联合国国际商事调解示范法》《仲裁法》等，制定包括总则、管理机构与协会、调解员准则、调解准则、调解协议等内容的商事调解法。在商事调解法中，我国应重点规范可调解事项、调解与调解员准则，进而确立国际商事调解领域的基本法。其二，中国应探索个人调解的法律效力问题。《新加坡调解公约》并不区分机构调解和个人调解。针对中国尚无个人调解实践，中国应通过梳理与归纳我国工作室调解的经验，逐步发展并规范个人调解市场，实现对个人调解员及调解程序的约束。其三，中国应适时修改《民事诉讼法》相关章节。在法律制度中规定国际商事和解协议的执行机制，特别是认可国际和解协议独立的法律救济功能和直接执行效力。具体而言，比照涉外仲裁，中国《民事诉讼法》第四篇可增加"调解"章节。

第四，应推动商事调解行业协会与《新加坡调解公约》的对接

其一，中国行业协会应尽早建立调解员资格标准与诚信机制。中国行业协会还应该探索对调解员培训的长效机制。同时，中国可推动在联合国贸法会内推出关于商事调解员的守则。其二，中国调解机构的调解规则应与公约实现有序对接。其三，应逐步放开调解机构和调解员来华执业。中国可在自贸区、自贸港、大湾区等先行先试，鼓励外国调解机构与调解员来华执业，推动中国营商环境的

优化。其四，应积极打造中国商事调解研究的理论高地。建议可由中国法学会或者中国社会科学院等牵头设立中国商事调解研究会，或将现有的中国仲裁法学研究会更名为中国仲裁及调解法学研究会，增加商事调解法学的研究内容和领域，以此打造中国商事调解法律制度研究的理论阵地。

目　　录

第一章

总　论

2018 年 6 月 27 日，联合国国际贸易法委员会（以下简称贸法会）第 51 届会议通过了《联合国关于调解所产生的国际和解协议公约》［Convention on International Settlement Agreements Resulting from Mediation，即《新加坡调解公约》（Singapore Convention on Mediation）］的公约文本。随后，贸法会将该公约文本提交联合国大会审议，2018 年 12 月 20 日第 73 届联合国大会以 73/198 大会决议的形式通过了《新加坡调解公约》，决定于 2019 年 8 月 7 日在新加坡将《新加坡调解公约》开放供各国签署。

2019 年 8 月 7 日上午于新加坡香格里拉酒店，在联合国安理会助理秘书长、贸法会负责人、新加坡总理李显龙以及来自世界各国 500 多名代表的共同见证下，46 个国家的受权代表签署了《新加坡调解公约》（截至 2019 年 10 月，已有 51 个国家签署）①，中国政府受权代表商务部部长助理李成钢代表中华人民共和国政府签署该公约，赢得各国参会代表的热烈欢迎。当天的公约签署仪式受到全球舆论的高度关注和赞誉。

《新加坡调解公约》是国际商事争议解决制度历史上的一座里程碑，其诞生标志着国际商事调解协议法律执行力的提升和国际流

---

① 签署国名单参见本书附录二。

动性的增强，推动了国际商事调解制度成为司法制度、商事仲裁制度之后又一国际社会普遍认可的重要国际商事纠纷解决机制和方式，开辟了国际商事纠纷解决的崭新局面，对于国际商事争端解决具有重大而深远的历史意义。

第一节　《新加坡调解公约》起草历程回顾

《新加坡调解公约》的起草可以追溯至 2014 年，在当年召开的贸法会全体大会第四十七届会议上，美国政府代表团就拟订一部通过国际商事调解达成和解协议的可执行性公约提出建议，贸法会大会接受美国提议遂委托第二工作组负责公约文本的起草工作。随后的四年间，在贸法会历次全体大会上，工作组对于该公约的条款和文本起草进行了广泛的讨论，工作成果包括公约草案和《联合国国际贸易法委员会国际商事调解示范法》（以下简称《示范法》）的修正草案以及供各国开放签署的公约的最终正式版本。按照公约的规定[①]，只要有 3 个国家批准该公约，公约即可生效。

《新加坡调解公约》的宗旨和目的，正如其序言所载，各国已认识到调解作为一种商事争议解决办法对于国际贸易的价值，注意到国际和国内商业实务越来越多地使用调解替代诉讼，考虑到使用调解办法会产生显著益处（例如，减少因争议导致终止商业关系的情形，便利商业当事人管理国际交易，并节省国家司法行政费用），深信就调解所产生的国际和解协议可确立一种为法律、社会和经济制度不同的国家接受的框架，将有助于发展和谐的国际经济关系。

长期以来，国际商事调解是国际商事领域中重要的商事纠纷解

[①]　《新加坡调解公约》第 14 条第 1 款规定："本公约应于第三份批准书、接受书、核准书或者加入书交存后六个月生效。"

决方式，为国际商事活动的顺利开展发挥了重要而独特的作用。不过，尽管国际商事业界已然认可了商事调解的积极价值，但由于和解协议（除由法院批准或由仲裁庭以裁决方式确认的和解协议外）从法律性质上仍属于当事人之间的合同约定，其自身并未被赋予司法执行力，故而仍存在缺乏可执行性的严重法律缺陷——如果一方不遵守协议，不仅用于调解的花费将付之东流，最终可能仍然要面临成本极高的诉讼或仲裁程序。

《新加坡调解公约》改变了国际商事调解面临的上述不利局面，该公约赋予了基于调解而达成的和解协议与诉讼判决、仲裁裁决相同的执行力，将极大提升此类和解协议的可执行性。《新加坡调解公约》旨在保障国际商业调解成果、为促进国际商事纠纷的多元化争议解决提供新的路径。《新加坡调解公约》正式生效后，将为调解协议的跨境执行提供国际法依据，也将标志着以《新加坡调解公约》《承认及执行外国仲裁裁决公约》（以下称《纽约公约》）、《选择法院协议公约》及《承认与执行外国民商事判决公约》（后两个公约均涉及各国法院判决的国际流动性）为基础，包括调解、仲裁、诉讼在内的国际商事争议解决的三大支柱形成。

一 中国参加《新加坡调解公约》起草工作回顾

2014 年 7 月贸法会第 47 届会议接受美国政府提议，决定拟定一部旨在鼓励通过调解方式解决商事争议的公约。在同年 9 月召开的贸法会第二工作组（仲裁和调解）会议上，中国代表团表示，赞同制定这样一份有关国际商事调解的国际法律文件，认为该公约契合中国传统上"以和为贵"的价值取向，坚决支持相关国际公约的制定与实施，同时，中国政府代表也针对跨境执行商事和解协议问题表达了担忧。根据各国代表的表态和建议，贸法会秘书处很快制定出一份有关执行基于调解程序而产生的国际和解协议的法律框架和实践做法的问题清单，分发贸法会各成员国。中国代表团回国后就公约法律框架及相关问题征求了最高人民法院和中国国际经济贸易仲裁委员会的意见，并在上述两个单位的大力支持下，于2015年4月向贸法会秘书处提交了一份《中国关于跨境执行国际商事和解协议的法律框架》。随后，贸法会诸成员国也都先后按时提交了各自的国内立法情况。

2015年年底，贸法会秘书处推出了公约草案和《示范法》修正案初稿，与会各国代表在会上热烈讨论，会下积极沟通，协调看法。中国政府代表团派出了由商务部、外交部、贸仲委派员组成的代表团参加贸法会相关工作组会议，针对公约草案及《示范法》修正案初稿提出了十分重要的意见和建议，受到贸法会和各国代表的高度重视。2016年，北京仲裁委员会、香港和解中心也以观察员身份加入到工作组会议，为公约草案的最后文本建言献策。虽经多次工作组会议讨论，但在许多技术细节问题上，各国代表的认识仍然不一。为了使得公约最终文本更加科学、合理，最大程度协调各国代表的立场、最大程度统一各国代表的认识，为此，中国政府代表团做了许多工作，发挥了巨大作用。

中国政府代表团回国后，及时向国内相关部门通报公约起草和讨论情况，并征求最高人民法院等单位的意见。最高人民法院民四庭和法官个人都曾以各自名义提供过书面意见，供代表团参考，并反映到工作组会议上。

2018年，公约草案基本定型，贸法会秘书处希望非英语国家代表团帮助核对文本。来自中国的全体代表群策群力，利用休会时间，精准、高效地完成了中英文本的核校工作。中国政府代表团所付出的艰苦努力赢得了贸法会及各国代表的普遍赞誉，为公约的最终出台及国际商事争议解决的创新做出了独特而重要的历史性贡献。

二 中国签署《新加坡调解公约》的重要意义及其影响

《新加坡调解公约》是国际商事争议解决制度历史上的一座里程碑，其诞生是国际商事法律领域中的标志性事件，意义十分重大。在当前贸易保护主义、单边主义盛行的严峻形势下，《新加坡调解公约》的诞生本身就意味着多边主义的胜利，该公约为全球经济一体化的顺利前行、遏制强权主义、霸凌主义带来了希望和光明。《新加坡调解公约》为国际经贸合作提供了重要的国际法律机制，对于国际贸易、国际投资等国际商事活动乃至全球经济的复苏与增长增添了动力，为和平解决国际商事争端开辟了新的国际法路径。

作为世界第二大经济体，中国对于《新加坡调解公约》的态度举世瞩目，中国最终决定签署《新加坡调解公约》产生了重要而深远的影响，这一举措向全世界充分表明中国政府支持多边主义的坚定立场、中国政府坚持通过谈判协商解决国际争端的坚定理念、中国政府推动形成全面开放新格局的坚定决心。

就中国签署《新加坡调解公约》的积极意义而言，具体体现为以下几点：

第一，在当前严峻的国际形势下，《新加坡调解公约》的诞生本身就是多边主义的胜利，中国决定签署该公约就是对多边主义的巨大支持。

由于特朗普上台后奉行"美国优先"政策，对于国际法规则实行"合则用、不合则废"的霸权主义理念，多次退出美国业已签署的多边条约和协定。在国际贸易投资领域，奉行单边主义、霸凌主义，置美国承担的 WTO 等多边条约义务于不顾，强行依据其本国法对中国等贸易伙伴实施贸易制裁措施，滥用所谓"国家安全"条款实施贸易和投资限制，阻挠 WTO 上诉机构成员的遴选程序，致使该贸易争端解决程序几近瘫痪,"二战"后历尽艰辛而形成的多边贸易体制面临严峻挑战。在这一大背景下,《新加坡调解公约》诞生,该公约本身就是多边主义的胜利、国际法治的彰显,它所确立的"调解所产生的国际和解协议确立一种可为法律、社会和经济制度不同的国家接受的框架,将有助于发展和谐的国际经济关系"这一宗旨,对于当前反对单边主义、保护主义和霸凌主义势力无疑是一种强大助力,这也是《新加坡调解公约》受到国际社会普遍赞誉的重要原因。

中国政府不但全程参与了《新加坡调解公约》的缔约过程,并在其中发挥了积极而重要的作用,提出的许多意见和建议为公约所采纳,推动了公约的最终文本出台和联合国大会的顺利通过,此次,中国政府及时做出签署该公约的决策,彰显了中国支持多边主义的一贯立场,在当前特殊的国际背景下,赢得了国际社会的高度评价和普遍赞誉。

第二,中国政府签署《新加坡调解公约》是中国引领并参与国际规则制定的重要标志,是中国推动全球经济治理变革的重要步骤。

习近平总书记在论及中国参与全球治理时郑重指出:"中国将积极参与全球治理体系建设,努力为完善全球治理贡献中国智慧,同世界各国人民一道,推动国际秩序和全球治理体系朝着更加公正合理方向发展。"① 在国际规则制定方面,习近平总书记强调:"我们不能当旁观者、跟随者,而是要做参与者、引领者"② "在国际规则制定中发出更多中国声音、注入更多中国元素,维护和拓展我国发展利益。"③

---

① 《习近平在庆祝中国共产党成立95周年大会上的讲话》,http://cpc.people.com.cn/n1/2016/0702/c64093 - 28517655.html。

② 《习近平:加快实施自由贸易区战略 加快构建开放型经济新体制》,http://www.xin-huanet.com/politics/2014 - 12/06/c_1113546075.htm。

③ 同上。

中国积极支持并自始至终参与近半个世纪来国际商事法律领域最具影响力的国际公约——《新加坡调解公约》谈判、起草、最终文本出台全过程并在其中贡献东方智慧和中华传统文化之精髓,对于公约的最终诞生发挥了重要而独特的作用,这是积极践行习总书记上述重要指示的最新例证。

由于历史原因,中国在现有多数国际规则的制定中没有主导性地位,总体而言尚缺乏强大的国际规则话语权。改革开放之前,中国加入的国际组织较少。改革开放以来,中国加入了越来越多的国际组织。由于多数国际规则的制定已经由西方国家主导完成,作为后来者的中国往往要通过对既有国际规则的认同来参与国际治理。自20世纪90年代以来,中国在国际制度的创建和国际规则的制定上产生了日益重要的影响,如在国际气候公约的谈判中扮演了负责任大国角色、在区域安全领域主导成立了上海合作组织、在经济和发展领域创建了亚洲基础设施投资银行、参与创建了二十国集团、与东盟达成了自由贸易协定、积极推动达成区域性全面经济伙伴协定(RCEP),等等。中国加入WTO后,在严格履行自身肩负的WTO义务的同时,与WTO成员方一道推动WTO多回合谈判并在其中发挥了重要引领作用。

作为联合国常任理事国和世界第二大经济体,中国应当也必须在全球治理中率先垂范,扮演重要角色。在国际规则制定中,中国不能作被动接受者、追随者,而应作为平等的一员乃至成为主角。对于一些不公平的国际规则,要在适当的时机争取修订;对于一些与中国相关的新的国际规则的创建,要体现中国思想、中国价值和中国方案。而能为国际规则的制定做出独特贡献的一大优势,同时也是中国增强国际规则话语权的重要基础,是深厚的中国文化底蕴和中国智慧。中国此次积极参与《新加坡调解公约》起草工作的过程、率先签署公约的行动不仅使得公约条文充分接纳了中国的立场和建议，向全世界展示了"和为贵"的中华文化传统，而且也彰显了中国参与国际规则制定的积极态度和高超的专业能力，为今后中国引领、参与国际规则制定树立了成功范例。

第三，《新加坡调解公约》有助于进一步改善中国的营商环境及商事法治建设，将为推动全方位对外开放及"一带一路"建设营造更加有力的法治氛围，必将对中国涉外法律制度建设及建设国际商事争端解决中心产生巨大推动作用。

长期以来，商事调解作为一项解决商事纠纷的重要手段因其本身具有的低成本、高效率以及友好合作等特点，备受国际商事领域推崇，而《新加坡调解公约》的诞生为这一纠纷解决方式的普及、推广建立了国际法基础。中国签署并最终批准该公约将极大地推动中国的国际商事调解制度的发展，为中国的当事人提供在司法、仲裁之外的又一种法律选择，这无疑有助于进一步改善中国的营商环境，随着《国际商事调解法》等配套法律制度的出台，中国的商事法治建设将得以完善、丰富。

全方位对外开放战略及"一带一路"建设需要强有力的法治保障，争端解决是其中不可或缺的重要内容。商事调解制度符合"一带一路"倡议确立的共商、共享、共建宗旨，定将促进"一带一路"建设中各类商事纠纷的快速、高效解决，并且相比于司法审判、商事仲裁，商事调解费用低廉，法律专业水平要求不高，对于"一带一路"建设中广大发展中国家的参与者来说无疑是一项法律红利。因此，《新加坡调解公约》将推动"一带一路"建设的法治化体系构建，为"一带一路"建设营造良好的法律氛围。

至今为止，中国尚未建立先进完善的商事调解法律制度，尽管近年来一些地方或领域开展了商事调解，但均处于起步阶段，《新加坡调解公约》在中国的落地无疑将极大地推动具有中国特色的商事调解制度的建立，加快中国的国际商事调解立法及相关配套法律法规、司法解释的出台，使之成为与司法、仲裁并行的商事纠纷解决机制，这对于未来将中国建设成为国际商事争议解决中心大有裨益。

第四，中国签署《新加坡调解公约》及该公约在中国落地，对于中国企业而言，契合中国的企业文化，为中国企业解决商事纠纷提供了低成本的途径，对于中国的商事调解行业、法律服务业等领域的发展具有重要意义。

中国企业具有深厚的东方文化底蕴，崇尚"和为贵"的经商之道，因此，《新加坡调解公约》契合中国的企业文化和经营理念，应当受到中国企业的欢迎，而且这种低成本、具有国际执行力的纠纷解决方式无疑会对中国企业形成巨大吸引力。中国企业不但应学习并掌握国际商事调解的成功经验、充分运用国际规则红利，而且还应在运用国际商事调解制度的同时发挥东方智慧，为国际商事调解制度的进步做出中国企业的贡献。

当前，中国的商事调解发展水平较低、制度建设不完善，这与中国社会主义市场经济的建设规模与发展水平严重不符。中国签署《新加坡调解公约》无疑将极大地推动中国的商事调解制度快速发展，对于中国商事调解市场的形成、商事调解机构的壮大、高水平商事调解员队伍的构建而言，意义非同小可。此外，成熟的商事调解市场及先进的制度建设离不开专业化人才，特别是商事调解涉及的建筑、施工、保险、金融等诸多领域的专业知识，法律理论与实践知识不可或缺，国际商事调解更是需要高水平的专业人才和国际法人才，因此，《新加坡调解公约》对于中国商事调解领域的专业人才培养、法律人才的培养具有巨大推动作用，将为中国的法律服务行业向国际先进水平迈进提供强大动力。

总之，中国签署《新加坡调解公约》对于中国坚持多边主义、反对单边主义、霸凌主义，对于中国参与全球经济治理和国际规则制定，对于中国改善营商环境、推进"一带一路"建设法治化体系，对于中国运用国际规则红利及中国商事调解市场的形成及法律服务能力建设而言均具有重大而深远的影响。

在充分肯定《新加坡调解公约》对中国的积极意义和影响的同时，我们还应当充分认识到，若将《新加坡调解公约》真正落地中国还有许多艰巨的任务需要完成。

尽管当前中国有着较为完善的人民调解制度，民间调解、司法调解、诉调对接等不同的调解模式在解决社会矛盾方面正发挥着重要作用，但中国商事调解制度建设尚处于刚刚起步阶段，商事调解立法、司法等方面几乎处于空白状态，许多部门甚至相关领导对于国际商事调解制度缺乏科学认知，极易将商事调解这一专业化水平、调解员品德及专业能力要求极高的调解制度与中国当前《人民调解法》规范和调整的、旨在解决民间纠纷的民事调解、医疗纠纷调解等民间调解相混淆，故而对商事调解、特别是国际商事调解产生极深的误解。司法部门尤其是法院对于因中国加入《新加坡调解公约》而可能产生的执行国际调解协议的案件量增加深表担忧，对于可能因虚假调解而产生的侵害公共利益及第三方合法权益的风险心有余悸。由于中国当前市场诚信水平不高，许多人担心商事调解制度极有可能被一些企业或个人利用作为规避法律、躲避债务的不法手段，故此，对于赋予商事调解协议与商事仲裁裁决同等的法律执行力有极大的顾虑。由于体制机制方面的原因，中国大量的国有企业是否真正具有运用《新加坡调解公约》解决其与外商之间商事纠纷的意愿还存在诸多不确定因素。

此外，《新加坡调解公约》本身还具有一些不同于承认与执行外国仲裁裁决的《纽约公约》的特点，主要是：除公约明文规定的两项保留外禁止对公约做出其他保留①，不存在调解地的法律概念

---

① 《纽约公约》不存在类似规定，中国在加入时做出了商事保留和互惠保留。

（也无法确定调解地），进而没有类似于仲裁地管辖当局（一般是法院）对仲裁裁决审查机制那种对调解协议进行审查的前置审查机制①，禁止设置互惠保留，非签约国的当事人亦可援引该公约到公约缔约国境内申请强制执行其达成的商事调解协议等。凡此种种，都是中国批准《新加坡调解公约》所面临的困难和挑战，是中国在批准《新加坡调解公约》前必须逐一解决的法律难题。

如何充分发挥《新加坡调解公约》对中国的积极作用、尽最大努力克服和避免公约可能带来的一切法律风险、建立既具有国际先进性又具有中国特色的商事调解法律体系，将无疑是中国签署《新加坡调解公约》后一段时间内面临的一项艰巨任务。

在项目研究及征求意见过程中，有学者提出，可否仅考虑对《新加坡调解公约》调整的国际调解协议的执行问题进行研究，在此基础上只提出中国司法机关审查执行国际商事调解协议的法律建议，而暂不考虑对司法机关执行中国国内的商事调解协议进行研究并提出法律建议，待若干年后中国的社会诚信度大幅提升、商事调解市场相对成熟后再考虑国内商事调解协议执行的问题。

对于这一观点，研究项目组进行了认真论证和分析，最终认为：尽管当前中国的社会诚信水平与发达国家或地区相比尚有较大距离，国内的商事调解及其法律制度并不健全，但如果仅考虑对《新加坡调解公约》规定的国际调解协议的执行而将国内商事调解协议的执行置于不顾，这对于中国商事调解市场的发展和商事调解法律制度建设是不利的。

与当年中国先签署《纽约公约》承认和执行国际仲裁裁决而后

---

① 《纽约公约》第 5 条规定的可不予承认和执行外国仲裁裁决的情形中，"裁决已经由做出裁决的国家或据其法律做出裁决的国家的管辖当局撤销或停止执行"就是其中一种可不予承认和执行的情形，这意味着，仲裁地所属国管辖当局有权对仲裁裁决予以审查撤销，其他缔约国对于这些裁决可不予承认和执行。这实际上意味着，仲裁地管辖当局为其他缔约国法院承认和执行外国仲裁裁决设置了一道前置审查程序。

制定《仲裁法》的情形不同，当前中国的社会主义市场经济已日臻成熟，社会主义法治建设取得重大进展，各级司法机关的司法能力和水平空前提高，在这一背景下，仍沿用"先国际、后国内"的做法，对于中国国内的商事调解机构是不公平的，也不利于中国自身商事调解市场的发展。鉴于此，尽管意识到国内、国际一并进行将会面临诸多困难，但研究项目组仍坚持建议，在《新加坡调解公约》在中国落地过程中，应将公约规范的国际商事调解协议的执行与中国国内的商事调解协议执行问题一并考虑，以此为前提，为批准公约及中国的相关立法、司法做好各项法律准备。

总之，中国的法学理论界和法律实务工作者应当肩负起时代赋予的历史使命，致力于从理论和实践、国际和国内两方面共同推进中国的国际商事调解制度研究，不断解决国际商事调解制度在中国落地进程中的各种法律问题，为推动中国尽早批准《新加坡调解公约》创造有利条件。

三 研究项目组调研情况

受商务部委托，中国社会科学院国际法研究所承担了《新加坡调解公约》评估研究项目任务，组成了以国际经济法室主任刘敬东研究员为组长，中伦律师事务所合伙人孙巍博士，国际法研究所孙南翔助理研究员、傅攀峰助理研究员等组成的研究项目组开展此项研究。

由于时间紧迫、任务重大，研究项目组成立后，随即在短时间内深入人民法院、商事调解组织、国内企业、高等院校等开展了大量卓有成效的调研工作，并与新加坡国际调解中心、香港国际调解中心等国际著名调解机构进行交流。2019 年 8 月 7 日，研究项目组全体成员还应邀参加了在新加坡举行的公约签约仪式，见证了 46 个国家签署公约的历史性时刻。此外，研究项目组在两个月内召开三次专题交流会，就调研成果及研究项目报告撰写等问题进行讨论、交流，在此基础上完成研究项目报告。以下是对截至目前调研工作的总体梳理。

2019 年 7 月 15 日，研究项目组全体成员赴北京市第四中级人民法院进行调研，听取该院民四庭对《新加坡调解公约》的意见。2019 年 9 月刘敬东研究员利用最高人民法院邀请国际商事专家委员会专家开展"一带一路"法治专题讲座之际，与最高人民法院民四庭领导及相关工作人员、美国法律专家范思深博士等就《新加坡调解公约》签约后法院相关工作问题进行深入交流。

2019 年 8 月 5 日至 9 日，研究项目组全体成员赴新加坡参加《新加坡调解公约》的签约仪式及相关会议，收集了大量资料，利用开会间隙与各国际机构代表、各国代表和港澳地区代表深入交流，开展相关调研工作。其间，研究项目组成员赴中国驻新加坡大使馆参加由商务部部长助理李成钢主持的在新中国企业专题座谈会，就公约相关问题与中国企业代表深入交流。

2019 年 8 月 28 日，研究项目组成员赴上海经贸商事调解中心和上海贸促会调解中心进行专门调研，听取两机构负责人、有关调解员、公司法务和仲裁员等对《新加坡调解公约》在中国未来实施的有关问题的意见。

2019 年 9 月初，研究项目组召开调研工作总结交流会，结合研究项目组的调研成果，深入讨论研究项目报告的内容，并就前期撰写的研究项目报告提出大量有价值的修改意见，在此基础上，修改、完善报告相关部分内容。

2019 年 10 月初，研究项目组向商务部条法司提交研究报告初稿，征求意见和建议。

2019 年 11 月 4 日，研究项目组组长刘敬东应邀赴最高人民法院再次与民四庭领导及法官就《新加坡调解公约》与法院工作相关问题开展深入交流。

2019 年 11 月初，根据商务部条法司领导对研究报告初稿提出的意见和建议，研究项目组再次修改、完善研究报告相关内容。

2020 年 2 月中旬，研究项目组向商务部提交最终研究项目报告，并获得评审通过。

第二节　国际、国际性、涉外因素及其他①

作为一个属性词，有别于星际、洲际、省际、县际、人际，"国际"表示了国与国之间的关系；作为一个名词，"国际"还喻示了面向世界的开放姿态，如"与国际接轨"指向接受世界各国普遍适用的沟通方式、行为规范乃至价值理念。

国际的主体是国家，国际法的主体也应该是国家。传统的实证主义学说明确肯定只有国家才是国际法主体。② 尽管国际组织、争取民族独立团体、非政府组织、法人和自然人都曾经被视为具有成为国际人格者的能力，③ 国际法主体通常被认为是享受国际法上权利和承担国际法义务能力的国际法律的参加者，或者称为国际法律人格者，其应具备三个要件：一是具有独立参与国际关系的资格；二是具有直接享有国际法权利的能力；三是具有直接承担国际法义务的能力。比如 1965 年《解决国家与他国国民之间的投资争端公约》（又称《华盛顿公约》），赋予外国投资者在东道国政府同意的情况下提起国际仲裁的权利，但作为自然人或法人的外国投资者并不具有缔结国际条约的能力，其申请国际投资仲裁的权利源于其母

---

① 本节作者为温先涛，1989 年毕业于厦门大学法律系，现就职于中国商务部，任条法司二级巡视员。

② Hersch Laulerpacht, etc. , *International Law*, Cambadge University Press, 1975, p. 489.

③ Malcolm N. Shaw, *Internationl Law*, Cambride University Press, 1977, p. 177.

国和投资东道国的赋权,而并不能直接享有国际法上的权利也不能直接承担国际法上的义务。

明确了国际法主体,也就不难理解"国际法与国内法孰为优先"的争论是个无解的伪命题。国际法调整的是国家之间的关系,国内法则调整国家与国民之间以及国民(包括自然人和法人)之间的关系,两者调整内容差异甚大,也就缺乏可比性。1969 年《维也纳条约法公约》第 27 条(国内法与条约之遵守)奠定了解决国际法与国内法冲突的基础:"一当事国不得援引其国内法规定为理由而不履行条约。"缔约国有义务使国内法不违背其所缔结的国际条约、公约、协定规则,即使其签署的国际规则尚未生效,也不能做出有悖于该规则宗旨的行为。国际法与国内法的交集通常体现在对涉外民事权利的尊重上,认清这一点对于理解国际私法领域的公约、条约、协定十分重要。

国际私法领域的许多公约对自然人和法人是实行普惠制的,只给缔约国家设定义务,不给国民设定义务,还间接地、广泛地给予缔约国和非缔约国国民许多权利,[①] 如 1958 年国际商会和联合国经济与社会理事会制定的《纽约公约》、2005 年由海牙国际私法会议通过的《选择法院协议公约》,这两部迄今中国已经签署的公约都不关注商事争议当事人是否具有缔约国国籍,而着眼于裁决、案件的"国际性"。

《纽约公约》虽然没有使用"国际性"一词,但在其第 1 条第 1 款强调了适用本公约的裁决(arbitral award)须有域外性,即仲裁裁决应该是"在声请承认及执行地所在国以外之国家领土内作成者"或"声请承认及执行地所在国认为非内国裁决者"。《选择法院协议公约》第 1 条第 2 款从反向对案件(case)的"国际性(is

---

① 有人认为这是"逆向不对等",笔者认为,提出此论者并未理解国际私法的真谛。

international)"做了描述，即如果"当事人都居住在同一缔约国，并且当事人的关系以及与争议有关的其他因素都只与该国有关"，则无论"被选择法院处于何地"，都不具有"国际性"，第3款进一步规定："案件是国际性的，才属于被承认或执行的外国判决范围。"

2018年贸法会制定了《新加坡调解公约》，题述所谓的"国际和解协议（international settlement agreements）"并不是作为国际法主体的国家与国家之间的和解协议，而是商事主体之间为解决商事争议而订立的和解协议。该公约既不涉及域外仲裁裁决也不涉及选择法院判决，甚至没必要探究调解书即和解协议缔结地在哪里，但该公约在第1条第1款对协议（agreement）的"国际性"进行了描述：

> "该协议在订立时由于以下原因之一而具有国际性：
>
> 1. 和解协议至少有两方当事人在不同国家设有营业地；或者
>
> 2. 和解协议各方当事人设有营业地的国家不是：
>
> （1）和解协议所规定的相当一部分义务履行地所在国；或者
>
> （2）与和解协议所涉事项关系最密切的国家。"

将《选择法院协议公约》对"案件的国际性"和《新加坡调解公约》对"和解协议的国际性"的表述，从主体、客体、法律事实角度进行对照，不难发现，《选择法院协议公约》几乎就是《新加坡调解公约》的翻版，《新加坡调解公约》则是《选择法院协议公约》的正面表述。依据《选择法院协议公约》第1条第2款，如果商事争议当事人都居住在同一缔约国，并且当事人的关系以及与争议有关的其他因素也在该国，意即毫无涉外因素，即使被选择的域外法院做出相关判决，该案件仍不具有"国际性"，也就不具有可要求承认与可申请执行性。可见，主体、客体、法律事实的跨国性质是《选择法院协议公约》和《新加坡调解公约》对案件有无"国际性"的考察坐标。只有具备了公约所描述的"国际性"特征并指定某个缔约国的法院做出判决才可以"入围"《选择法院协议公约》所述的"承认与执行"。基于调解所产生的和解协议，因其不具有诉讼与仲裁的强制色彩，也就没必要探究"和解地"，只要在主体、客体、法律事实之一方面具备"国际性"，即可依据《新加坡调解公约》向成员国执行地主管机关寻求救济。

与《选择法院协议公约》和《新加坡调解公约》不同，《纽约公约》并不强调案件或商事协议的"国际性"，即不排除域外仲裁庭对不具有"国际性"的商事案件所作裁决的可执行性。对这类裁决是否承认与执行完全属于执行地主管机关立法范畴。值得注意的是，作为美国国内法的《联邦仲裁法》（*the Federal Arbitration Act, the FAA*）第二章关于"承认及执行外国仲裁裁决公约"秉持了案件"国际性"标准，该法第202条对"属于公约管辖范围内的仲裁协议或裁决"规定："无论契约或非契约，凡是产生于法律关系的仲裁协议或仲裁裁决，并被视为包括本法案第2条所述的交易、契约或协议在内的商事性质者，均属于公约管辖范围。但产生于这种关系的仲裁协议或裁决，完全系美国公民之间者，则不应视为公约管辖范围，除该关系涉及国外财产，履行或执行将来在国外进行，或与一个或多个外国有某种其他的合理联系者不在此限。根据本条款，如果一个公司设在，或有其主要营业地在美国，则该公司法人系美国公民。"从而通过明文立法排除了《纽约公约》对不具"国际性"争议的域外仲裁协议及裁决的管辖。

通过对《选择法院协议公约》和《新加坡调解公约》的考察，可见所谓"国际性"是一具有特定含义的概念，而绝非"国际法主体之间"之义。有人把"国际性"理解为具有涉外因素，窃以为又喻之过泛。就一国角度，称某一商事案件具有"国际性"，意味着其主体、客体、法律事实中至少有一项跟域外沾边儿，即所谓具有"涉外因素"，但如何认定"涉外因素"或者问"涉外因素"的边界在哪儿？中国《民事诉讼法》和《涉外民事关系法律适用法》都没有对"涉外"这一概念下定义。2012 年《最高人民法院关于适用〈中华人民共和国涉外民事关系法律适用法〉若干问题的解释（一）》第 1 条对几种"涉外"情形做了说明：

> "民事关系具有下列情形之一的，人民法院可以认定为涉外民事关系：
>
> （一）当事人一方或双方是外国公民、外国法人或者其他组织、无国籍人；
>
> （二）当事人一方或双方的经常居所地在中华人民共和国领域外；
>
> （三）标的物在中华人民共和国领域外；
>
> （四）产生、变更或者消灭民事关系的法律事实发生在中华人民共和国领域外；
>
> （五）可以认定为涉外民事关系的其他情形。"

显然上述（一）至（四）项与《选择法院协议公约》和《新加坡调解公约》所确立的"国际性"标准相吻合，而第（五）项兜底条款则给予法官很大的自由裁量权，从而放宽了涉外因素认定标准。

对"涉外因素"宽松的判断标准引发了一些值得商榷的司法判例。在 2013 年北京朝来新生体育休闲有限公司与北京所望之信投资咨询有限公司合作经营纠纷中，[①] 尽管后者是韩国自然人安秉柱

---

① 案号：（2013）二中民特字第 10670 号。

在北京注册成立的外商独资企业，北京市第二中级人民法院依然认定争议两造均为中国法人，其商事法律关系的设立、变更、终止的法律事实发生在中国境内，争议标的亦在中国境内，不具有涉外因素，故不属于中国法律规定的涉外案件，从而否定了境外大韩商事仲裁院对本案的管辖权。该案法律事实的确不具有《选择法院协议公约》和《新加坡调解公约》所确定的"国际性"特征，但对于一起商事案件，中国现行法律并未像前述美国《联邦仲裁法》一样明文禁止当事人将不具有涉外因素的争议交由境外仲裁机构仲裁。在民商事领域，各国普遍奉行"法无禁止即可为"，仅仅依据"司法主权原则"而无实体法依据，全然排除《纽约公约》对无涉外因素争议的域外仲裁协议及裁决的管辖就缺乏说服力。另外，本案一方当事人是韩国自然人在北京设立的独资企业，是否仅因其在中国注册就否定存在涉外因素？值得商榷。

　　也在 2013 年，西门子国际贸易（上海）有限公司诉上海黄金置地有限公司案中，[①] 两造亦均为在中国注册成立的法人，发生货物贸易纠纷，按照仲裁协议提交新加坡国际仲裁中心进行仲裁解决。上海市第一中级人民法院在民事裁定书中分析认为，争议双方都是外商独资企业且注册地均在上海自由贸易试验区区域内，合同主体具有一定涉外因素，其资本来源、最终利益归属、公司的经营决策一般均与其境外投资者关联密切，故此类主体与普通内资公司相比，具有较为明显的涉外因素；合同约定的交货地在中国境内，但案涉设备系先从中国境外运至自由贸易试验区内进行保税监管，再根据合同履行需要适时办理清关完税手续、从区内流转到区外，至此货物进口手续方才完成，故合同标的物的流转过程也具有一定的国际货物买卖特征。显然在该案法院看来，争议主体、合同的履

---

① 案号：（2013）沪一中民认（外仲）字第 2 号。

行地在"自由贸易试验区"即具有了涉外因素。

时至 2018 年，在爱耳时代医疗科技（北京）股份有限公司诉领先仿生医疗器械（上海）有限公司案中，① 上海市第二中级人民法院和高级人民法院认为："爱耳公司和领先公司都是依据中国法律设立并登记的企业，经营地均在中国境内。尽管领先公司的股东为外国公司，但是领先公司仍属于中国法人，因此本案在当事人主体上不存在涉外因素。""在系争《经销商协议》实际履行期间，协议项下的部分产品在香港交付给爱耳公司的客户，但是该实际履行行为并未改变双方当事人的基础法律关系，故二审法院认为本案纠纷不具备涉外因素，双方当事人约定提请涉外仲裁机构仲裁的条款应属无效。"

从上述三个司法判例看，中国法官在行使自由裁量权认定"涉外因素"过程中，基本遵循了《选择法院协议公约》和《新加坡调解公约》对"国际性"所框定的主体、客体、法律事实三项标准，但对"涉外因素"宽松的判断标准又导致了判断标准的多元化。有的法官只看形式，有的法官对合同履行地不作区分，有的法官则把商事争议主体的资金来源、人员管理、标的物流转、履约过程和关境等因素纳入一起，统筹考量。

贸法会制定的《国际商事仲裁示范法》第 1 条第 3 款对"国际仲裁"的定义更为宽松：

"有下列情形之一的，仲裁为国际仲裁：

1. 仲裁协议的各方当事人在缔结协议时，其营业地点位于不同的国家；

2. 下列地点之一位于各方当事人营业地点所在国以外：

（1）仲裁协议中确定的或根据仲裁协议而确定的仲裁地点，

---

① 案号：（2017）沪 02 民终 9941 号、（2018）沪民申 921 号。

（2）履行商事关系的大部分义务的任何地点或与争议事项关系最密切的地点；

3. 各方当事人明确同意，仲裁协议的标的与一个以上的国家有关。

依据第 3 项，当事人可以合意赋予商事交易标的以"涉外因素"。这似乎给予当事人刻意规避营业地国司法管辖的机会，使得法官在对"涉外因素"的认定上失去主导地位。

近些年，围绕着非涉外商事纠纷在域外仲裁的合法性问题，仲裁实务界与学术界多有热议。来自法院的态度是"没有涉外因素的合同争议拿到国外仲裁，仲裁协议就无效。"可这种态度并没有明确的国内法律支撑。中国《合同法》第 128 条第 2 款、《民事诉讼法》第 271 条第 1 款和《仲裁法》第 65 条只规定："涉外合同的当事人可以根据仲裁协议向中国仲裁机构或者其他仲裁机构申请仲裁。"从这一选择性规范中，无法解读出"非涉外合同的当事人不得根据仲裁协议向中国仲裁机构或者其他仲裁机构申请仲裁"这一禁止性规范。另外，以违反公共政策为由，否定将不含"涉外因素"的商事争议拿到国外仲裁的提法，也被最高人民法院明确否定了。[①] 值得关注的是，2017 年 1 月 9 日最高人民法院发布了《关于为自由贸易试验区建设提供司法保障的意见》（法发〔2016〕34 号）第 9 条第 1 款规定："在自贸实验区内注册的外商独资企业相互之间约定商事争议提交域外仲裁的，不应仅以其争议不具有涉外因素为由认定相关仲裁协议无效。"该 2017 年条款不仅不能作为 2015 年上海市第一中级人民法院做出的西门子国际贸易（上海）

---

① 《最高人民法院关于朝来新生体育休闲有限公司申请承认大韩商事仲裁院做出的第 12113—0011 号、第 12112—0012 号仲裁裁决案件请示的复函》（2013）民四他字第 64 号。

有限公司诉上海黄金置地有限公司申请承认和执行外国仲裁裁决民事裁定书的依据，而且还在法理上引起诸多争议，如自由贸易试验区究竟能否使在该地区注册成立的外商独资企业商事行为具有"涉外因素"？在自由贸易试验区内设立的中国法人约定将商事争议提交域外仲裁，为什么即使没有"涉外因素"，仲裁协议却仍然有效？

在国际私法领域，对"涉外因素"认知和处理的争论，涉及对商事仲裁、诉讼和调解性质的理解，归根结底还是"法无禁止即自由"与"自由须有法律依据"的理念交锋。这个问题在西方法律思想史上似乎早已解决，而中国的司法实践表明对这一问题尚不清晰。为营造良好的营商环境，需要在商事争议解决制度方面明确价值取向，中国既可以借鉴美国制度，以严格的"国际性"标准适用《纽约公约》，也不妨采取《国际商事仲裁示范法》给予当事人更加宽松的争议解决选择权，缓解国内商事诉讼压力。无论何种选择，在民商事案件"涉外因素"的识别与处理上都应有一个统一的、符合逻辑的、能被业内广泛理解的准则，这也是与国际接轨的一项重要举措。

第三节 《新加坡调解公约》综述——与另外两部国际商事执行公约相比较[①]

2014 年 7 月，贸法会第四十七届会议接受美国政府提议，决定拟定一部旨在鼓励通过调解方式解决商事争议的公约。贸法会第二工作组（争议解决）经过四年努力，召开了七次成员国研讨会和四届贸法会会议，《新加坡调解公约》于 2018 年 6 月顺利杀青。正如《纽约公约》一样，《新加坡调解公约》将为多元化解决商事争议

---

① 本节作者为温先涛，1989 年毕业于厦门大学法律系，现就职于中国商务部，任条法司二级巡视员。

又开辟一部新篇章。①

众所周知，《纽约公约》的诞生极大地促进了国际商事仲裁事业的发展。虽历经 60 多年，其每一条款仍光芒四射，在全球范围发挥着巨大作用。因此，迄今其缔约成员已有 159 国之众。② 另一部具有类似性质和作用的公约是 2005 年由海牙国际私法会议第二十次外交大会通过的《选择法院协议公约》，自 2015 年生效，该公约旨在保障国际民商事案件当事人排他性选择法院协议的有效性，被选择法院所做出的判决应当在缔约国得到承认和执行。目前该公约有 35 个缔约国。③ 中国作为海牙国际私法会议成员国，全程参与了公约谈判并于 2017 年 9 月签署了该公约。还有一部与之相互补充的《承认与执行外国民商事判决公约》于 2019 年 7 月在海牙国际私法会议第二十二次外交大会通过，中国代表对谈判文本（亦即会议最后文件）进行了签署确认。④《新加坡调解公约》《纽约公约》《选择法院协议公约》和《承认与执行外国民商事判决公约》构成了对民商事纠纷解决的国际承认与执行领域四大基础性法律文件。四部公约在篇章结构上有较大的相似性，其中《新加坡调解公约》和《纽约公约》都只有 16 条，《选择法院协议公约》有 34 条，《承认与执行外国民商事判决公约》有 32 条。由于调解、仲裁、诉讼各有其特点，四部公约对由此而生成的和解协议、裁决、

---

① Timothy Schnabel, "The Singapore Convention on Mediation: A Framework for the Cross-Border Recognition and Enforcement of Mediated Settlements", *Pepperdine Dispute Resolution Law Journal*, 2019. Edna Sussman, "The New York Convention Through a Mediation Prism", *Dispute Resolution Magazine*, Vol. 15, 2009. Brette L. Steele, "Enforcing International Commercial Mediation Agreements as Arbitral Awards Under the New York Convention", *UCLA Law Review*, Vol. 54, 2007.

② 参见纽约公约网站（http://www.newyorkconvention.org/countries）。

③ 参见海牙国际私法会议网站（https://www.hcch.net/en/instruments/conventions/statustable/? cid=98）。

④ 张鹏:《一文纵览国际民商事争议解决新进展——〈承认与执行外国民商事判决公约〉签署确认》，http://www.zhonglun.com/content/2019/07-10/1345030601.html。

判决，存在大同小异的规制和术语。①

与多少具有强制色彩的仲裁、诉讼相比，通过调解解决商事争议，更能体现当事人自主性，照顾当事人多元化的利益需求。无论事先合意选择法院还是仲裁员，当事人对于判决或裁决结果都难以把控。和解则意味着当事人心甘情愿地化解争议。正如联合国大会所认识到的：利用调解的优点显著，和解解决争议可以便利商事各方管理国际交易、减少风险，维持长远的合作，不致因对簿公堂而终止商业关系，并节省国家司法和行政费用。② 纳税人养育的司法资源应该多用于维护公平正义的社会秩序、保护公民人身及其财产安全的刑事案件和监督行政机关依法行使职权的行政案件，而非耗费于商家两造的利益纠葛。应当鼓励将利益之争交由商事仲裁解决，和解则是解决商事纠纷的最佳境界。《新加坡调解公约》即为促进便捷、迅速地执行和解协议而诞生。③

《新加坡调解公约》在序言中肯定了调解在解决商事争议领域中的价值和替代诉讼的优越性，提出以调解所产生的和解协议推动发展和谐国家经济关系的愿景。该公约正文全面阐述了和解协议的国际性、对非商事和解的排除适用，确立了国际和解协议具有执行力的基本原则，认可了执行地缔约国主管机关对和解协议当事人寻求救济的审查权，规范了与《纽约公约》和《选择法院协议公约》

---

① 《选择法院协议公约》和《承认与执行外国民商事判决公约》均由海牙国际私法会议制定，前者针对当事人协议司法管辖情况，后者针对原审国法定管辖情况，因两公约相似度极高，本书仅以《选择法院协议公约》为比较分析对象。

② 2002 年 11 月 19 日第 57/18 号决议。

③ 参见孙巍《〈联合国关于调解所产生的国际和解协议公约〉立法背景及条文释义》，法律出版社 2018 年版；王钢：《国际商事调解技巧研究》，中国民主法制出版社 2014 年版，第 216—217 页；黄忠顺：《商事调解与民事调解的区分原理及其实现路径——基于 2012—2013 年中国商事调解研究文献的分析》，《北京仲裁》2014 年第 3 期；朱楠：《商事调解原理与实务》，上海交通大学出版社 2014 年版，第 111 页；尹力：《国际商事调解法律问题研究》，武汉大学出版社 2007 年版，第 95 页；宋连斌：《从仲裁与调解相结合到单独调解》，《昆明理工大学学报》（社会科学版）2009 年第 11 期。

类似的不予拒绝执行条件以及对条约保留的限制。

一　关于"和解"的语义

《新加坡调解公约》的标题对"和解协议"的英文表述是精准的。"Settlement Agreements Resulting from Mediation"意即"由调解所产生的和解协议"。其中 settlement agreements 被译成中文"和解协议",但"和解"的英文表述应是 conciliation,settlement agreements 字面含义应是"解决协议",[①] 这样的中文表述却不符合国人表达习惯,让人莫名其妙。在工作组讨论期间,也有其他非英语国家代表反映类似的译法很费解。settlement 含义广泛,包括了定分止争的各种模式。从公约本意看,用中文表述成"和解协议"最为贴切。

新问题接踵而至,根据中国社会科学院语言研究所编辑、商务印书馆出版的《现代汉语词典》的解释,作为动词的"和解"是指不再争执或仇视,归于和好。但在中国民事诉讼法的语境中,"和解"一词似乎具有特定含义,是指在没有法院或仲裁庭或人民调解委员会主持或参与的情况下,争议各方当事人自行达成的和解。该和解可能是在除法官、仲裁员以外的中立的调解人协助之下达成的,也可能是在没有调解人参与的情况下,仅由争议各方当事人谈判达成的。《新加坡调解公约》所说"和解"专指前一种情况。中国现行法律没有对前述两种达成"和解"的方式做进一步区分,只是规定:未经法院进行司法确认的和解协议尚不具有强制执行力。在对和解协议称谓上也与调解书、调解协议有所区别。[②]

---

① Black's Law Dictionary 对 settlement 词条相关解释:An agreement ending a dispute or law-suit.

② 详见 2017 年《中华人民共和国民事诉讼法》第 50 条、第 53 条、第 54 条、第 59 条、第 230 条和 2014 年最高人民法院关于适用《中华人民共和国民事诉讼法》的解释第 148 条。

在许多国家的仲裁和司法实践中，无论是否有第三方实际主持或参与调解，往往只要仲裁庭或法院对争议方的和解协议进行了确认，即可将和解协议"转换"成具有强制执行力的裁决或调解书。既然在许多国家都能做这种"转换"，是否就不需要制定这部执行和解协议的公约呢？贸法会认为需要，因为执行和解协议是使调解成为解决争议的更高效手段的一个重要方面。[①] 建立这样一个机制不仅节省仲裁和诉讼费用，而且应该比执行其他争议解决机制或向这些机制"转换"更为便利。

《新加坡调解公约》所称"和解协议"是当事人自愿达成的，本质上也是一种商业安排，但有异于一般商业合同。首先，和解协议须有争议在先。《新加坡调解公约》第 1 条（适用范围）就明确规定："本公约适用于调解所产生的、当事人为解决商事争议而以书面形式订立的协议（'和解协议'）"。没有争议，就谈不上和解。现实中却有"虚假和解"或"先行和解"现象，当事人本无纠纷，却假以"和解""仲裁""诉讼"名义通过法院确认，达到避税、洗钱、欺诈性转移资产（fraudulent conveyance）或者侵害第三人等目的。对于这种虚假的"争议解决"，在司法审查过程中，通过盘问细节并不难发现。2018 年 6 月 5 日中国最高人民法院就"先予仲裁"问题做出批复，认为"仲裁机构可以仲裁的是当事人之间已经发生的合同纠纷和其他财产权益纠纷"，"合同当事人申请执行仲裁机构在纠纷发生前做出的仲裁裁决或者调解书的，人民法院应当裁定不予受理；已经受理的，裁定驳回执行申请。"[②] 跟虚假诉讼一样，所谓"先予仲裁"或"无争议和解"本身就是伪命题，其程

---

① A/CN.9/WG.II/WP.187 - 解决商事争议：国际商事调解/调停所产生和解协议的可执行性。

② "先予仲裁"是指仲裁机构在当事人实际未发生纠纷时，做出仲裁裁决或者调解书的行为。参见《最高人民法院关于仲裁机构"先予仲裁"裁决或者调解书立案、执行等法律适用问题的批复》（法释〔2018〕10 号）。

序不符合法律规定，脱离仲裁与调解的基本原理和制度目的，有违诚实信用，触及公共政策等社会基本价值观。

其次，须有第三方作为调解员参与。正如《新加坡调解公约》序言所述："调解作为一种商事争议解决办法对于国际贸易的价值，争议当事人藉此办法请求第三人协助其设法友好解决争议"。公约第2条第3款定义"'调解'不论使用何种称谓或者进行过程以何为依据，是指由一位或几位第三人（调解人）协助，在其无权对争议当事人强加解决办法的情况下，当事人设法友好解决其争议的过程。"争议方在没有调解人主持或参与的情况下自行达成的和解协议，只是一份纯粹的商事合同，不是本公约所谓的和解协议。所以"调解人"又称"调解员"（mediator）的角色存在至关重要。成书于汉代的《周礼·地官·调人》记载，距今三千年前的中国古代即有"调人掌司万民之难而谐和之"。[1] 晚清经学大师孙诒让在其《周礼正义》中言："古者不禁报雠，而有调和之令，此官主司察而治之"。古代中国人所说的"调人"即是当今所指的mediator，古时的调人乃一官职，后世平民化，但称谓一直延续至民国时期，[2]当代叫"人民调解员"，又有回归官方指定的色彩。[3] 公约对调解员的资格没有要求。笔者认为，调解员应该比仲裁员和法官更具"攻心为上"之本领。优秀调解员不仅要谙熟法律，还要通晓心理学、行为学，具有良好的沟通和谈判能力，化解争议，而不是一味地"和稀泥"式地说服当事人妥协、让步，更不能对争议当事人强加解决方案，否则就不是调解而是仲裁了。[4]

从语言学那里，我们感悟到，但凡某一事务与人们生活密切相

---

[1] 汉郑玄注：难，相与为仇雠。谐犹调也。
[2] 老舍《茶馆》第一幕："三五十口子打手，经调人东说西说，便都喝碗茶，吃碗烂肉面……就可以化干戈为玉帛了。"
[3] 2011年《中华人民共和国人民调解法》。
[4] 《示范法》第1.3条。

关，就会出现许多大同小异的称谓，像与"和解"相关的同义词就有调解、调停、调和、斡旋等，英文也是如此。两种文字互译难以完全一一对应。①《新加坡调解公约》统一将"调解"表述为mediation 而非 conciliation，因为在社会生活中，mediation 更被广泛使用。笔者也认为前者措辞更为精准，更为突出了调解人的居中性。

二 执行地主管机关对和解协议的审查

假设争议当事人都具有完全行为能力，在公正的调解员主持下，签署了一份不违反执行地法律和公共政策，且具有可执行性的商事和解协议，那么该和解协议基本具备了《纽约公约》和《选择法院协议公约》对域外执行裁决与判决所设定的实体要件，具有可执行性，无须执行地主管机关（在中国执行主管机关是人民法院）审查和解协议是否公平，因为和解协议的公平性已经在争议方和调解员签署时刻得到各方当事人认同。如果有当事人对业已签署的和解协议内容再提异议，则意味着要么该当事人反悔，要么该当事人对其之前的约定承诺内容与另一方当事人有歧义。当此时，执行地主管机关是否可以根据其对和解协议的理解直接执行？根据《新加坡调解公约》，② 原则上是可以的。作为定分止争的终局方

---

① 2010 年香港特别行政区政府律政司在调解工作小组报告中也提及："调解的一般定义可随着调解在香港使用的情况和调解员担当的角色而起变化。'mediation'（调解/调停）及'conciliation'（调解/和解）经常被交换使用，两者一般都是指由 1 名中立的第三方协助争议各方沟通和谈判，并就冲突和争议达成和解，不过，这通常是令人混淆的起因，而且这两个词语在本港的调解文献及法定条文中的用法亦十分多变。在香港，英文词汇'mediation'和'conciliation'没有统一的中文对应词汇。在法例当中，调解不受单一守则或法律架构规管，而是在多条法例条文中提述；就'mediation'和'conciliation'所采用的对应中文词汇亦各有不同。对应词汇不统一，尤其是'调解'一词互换使用，难免会令公众以及在香港进行调解程序的重要利益有关者产生混淆和误解。"

② Article 3. General principles 1. Each Party to the Convention shall enforce a settlement agreement in accordance with its rules of procedure and under the conditions laid down in this Convention.

案，在《纽约公约》第3条①和《选择法院协议公约》第8条②中都确立了应当得到"承认和执行"这一核心原则，所不同者，《纽约公约》和《选择法院协议公约》的执行对象是 award/judgment，《新加坡调解公约》的执行对象则是 agreement。没有理由对后者要求比前两者更为严格。

这里出现的问题是执行地主管机关是否应当像自动售货机一样？显然不是，即便自动售货机也有一个识别、判断过程。直接执行机制并不意味着不容分说地径行执行，直接执行不能排斥必要的审查程序。《选择法院协议公约》第8条（承认和执行）第2款明确规定："在不影响适用本章规定所必要的审查的前提下，不应对原审法院做出的判决的实质问题进行审查。"《纽约公约》虽然没有明言审查机制，但根据该公约第5条，在当事人质疑缔结仲裁协议行为能力、仲裁协议效力、仲裁范围、仲裁程序或裁决拘束力时，执行地主管机关有权审查相关事项的真实性与合法性；执行地主管机关亦可依职权主动审查争议事项是否具有可仲裁性和裁决是否有违公共政策。执行《新加坡调解公约》当然也有这些问题，如：和解协议的真实性和可执行性、当事人的行为能力、执行和解协议对公共政策的影响，甚至对调解员操守的质疑，根据该公约第5条（拒绝准予救济的理由），无一不需要通过审查澄清。有别于《纽约公约》和《选择法院协议公约》，《新加坡调解公约》有一点

---

① Article III Each Contracting State shall recognize arbitral awards as binding and enforce them in accordance with the rules of procedure of the territory where the award is relied upon, under the conditions laid down in the following articles. There shall not be imposed substantially more onerous conditions or higher fees or charges on the recognition or enforcement of arbitral awards to which this Convention applies than are imposed on the recognition or enforcement of domestic arbitral awards.

② Article 8 Recognition and enforcement (1) A judgment given by a court of a Contracting State designated in an exclusive choice of court agreement shall be recognised and enforced in other Contracting States in accordance with this Chapter. Recognition or enforcement may be refused only on the grounds specified in this Convention.

特殊性，就是不能确定和解协议是否真的已经使争议各方案结事了了。该公约第 3 条（一般原则）第 2 款为此作了一项特殊安排。①当有当事人质疑和解协议是否已经解决了当事人相关争议时，执行地主管机关应该允许相关当事人抗辩，证明相关争议已经以"确定无疑的方式"（conclusively）获解决。②该公约没有交代，如果双方再就此争执不下，该如何处理？笔者认为已经毋庸赘言，因为这已不是和解协议及该公约的规制范畴了。

《新加坡调解公约》另一特点是不像《纽约公约》和《选择法院协议公约》一样强调当事人申请"承认和执行"，代之以当事人向执行地主管机关"寻求救济"和执行地主管机关"准予救济"。《新加坡调解公约》不再使用"承认"（recognition）的提法。很多国家认为，"承认"一词在不同法域有不同含义，所以它不是一个严谨的法律术语。尽管《纽约公约》第 3 条说："各缔约国应承认仲裁裁决具有拘束力，并依援引裁决地之程序规则及下列各条所载条件执行之"，但在实践中，"承认"和"执行"却是两回事，③尤其在外国投资者诉东道国的国际投资仲裁案中，即使执行地主管机关承认仲裁庭裁决的效力，也常以其国内有国家主权豁免法为由并援引《维也纳外交关系公约》《华盛顿公约》而拒绝执行裁决。④

① Article 3. General principles 2. If a dispute arises concerning a matter that a party claims was already resolved by a settlement agreement, a Party to the Convention shall allow the party to invoke the settlement agreement in accordance with its rules of procedure and under the conditions laid down in this Convention, in order to prove that the matter has already been resolved.

② in order to conclusively prove that the matter has been already resolved，这是公约原草案的表述。在工作组讨论会上，美国与中国都曾支持这一明确和解协议效力的提法，但因未改变原意，最后还是被删除了。

③ 2016 年版贸易法委员会《关于〈承认及执行外国仲裁裁决公约（1958 年，纽约）〉的指南》第 9 页："评论人员普遍一致认为，'承认'指认定仲裁裁决具有约束力但不一定可执行的过程。而'执行'则指使裁决生效的过程。"

④ 详见 1980 年 Benvenuti and Bonfant Srl 诉刚果案，1986 年 The Liberian Eastern Timber Corporation（LETCO）诉利比里亚案，1988 年 Societe Ouest Africaine des Betons Industriels（SOABI）诉塞内加尔案，2004 年 AIG Capital Partners，Inc. and CJSC Tema Real Estate Company 诉哈萨克斯坦案。

可见，"承认"只是对授权行为或者特定状态的主观确认，① 唯有"执行"才使权益落到实处。

三 对公约适用范围的限制及保留

（一）"国际性"问题

把《新加坡调解公约》的规范客体称作"国际和解协议（international settlement agreement）"是容易引起歧义的，因为该公约所指的和解协议并非国家或其他国际法主体之间缔结的受国际法约束的协议，而是商事主体之间签订的受私法约束的协议。所以该公约第 1 条（适用范围）第 1 款精准表述："本公约适用于调解所产生的、当事人为解决商事争议而以书面形式订立的协议（"和解协议"），和解协议在缔结时具有国际性"，并对"具有国际性"（is international）做了进一步解释：和解协议当事人营业地设在不同国家，或者和解协议的主要义务履行地与和解协议当事人营业地属不同国家。② 换言之，和解协议当事人营业地在不同国家，就具有国际性，或者不论当事人营业地是否设立在同一国家，但和解协议履行地与当事人营业地不属同一国家，也具有国际性，和解协议履行地往往就是当事人寻求救济的执行地。

《纽约公约》对国际性的描述比较简单。根据该公约第 1 条第 1 款，"在声请承认及执行地所在国以外之国家领土内作成"的仲裁裁决，或者"经声请承认及执行地所在国认为非国内裁决者"，

---

① 参见 Black's Law Dictionary 关于 recognition 词条。

② Article 1. Scope of application 1. This Convention applies to an agreement resulting from mediation and concluded in writing by parties to resolve a commercial dispute（"settlement agreement"）which, at the time of its conclusion, is international in that: （a）At least two parties to the settlement agreement have their places of business in different States; or （b）The State in which the parties to the settlement agreement have their places of business is different from either: （i）The State in which a substantial part of the obligations under the settlement agreement is performed; or （ii）The State with which the subject matter of the settlement agreement is most closely connected.

即适用该公约。简言之，只要执行地主管机关认为是在外国领土做出的裁决，都适用该公约。该公约对仲裁地是否应当是在除执行地国以外的缔约国、仲裁当事人是否应当是缔约国国民都没有要求。执行地主管机关对于外国仲裁机构针对争议方都是本国国民做出的裁决是否认可呢?《纽约公约》没有禁止。①

"国际性"在中国常被称为"涉外因素"。在被评为"2014 年度中国十大有影响力的仲裁案例"的北京朝来新生体育休闲有限公司申请承认和执行外国仲裁裁决案中，审理法院根据《中华人民共和国民事诉讼法》(以下简称《民事诉讼法》)和《中华人民共和国仲裁法》(以下简称《仲裁法》)的规定，认为对于涉外经济贸易、运输、海事中发生的纠纷，当事人可以通过订立合同中的仲裁条款或者事后达成的书面仲裁协议，提交中国仲裁机构或者其他仲裁机构仲裁，但法律并未允许国内当事人将其不具有涉外因素的争议提请外国仲裁，故无涉外因素合同约定的由外国仲裁机构仲裁的条款无效。② 该判决理据受到学术界广泛质疑。因为在私法领域，法无明文禁止即可为。在立法上没有明确禁止国内当事人将不具有涉外因素的争议提请外国仲裁的情况下，通过扩大解释法律条文的含义而认定无涉外因素的外国仲裁协议无效的做法是值得商榷的。③

与外国仲裁情况不同的是，选择法院协议与和解协议必须具有国际性。《选择法院协议公约》第 1 条(范围)第 2 款从"无涉外因素"角度反向对"国际性"有细致的描述，如果"当事人都居住在同一缔约国，并且当事人的关系以及与争议有关的其他因素都

---

① 2016 年版贸易法委员会《关于〈承认及执行外国仲裁裁决公约(1958 年，纽约)〉的指南》，第 7—8 页。

② 北京法院审判信息网: http://www.bjcourt.gov.cn/article/newsDetail.htm? NId = 500000 24&channel = 100015002&m = zdal。

③ 李鹏:《试论无涉外因素争议的外国仲裁裁决》,《行政与法》2013 年第 10 期;牟笛:《无涉外因素的争议能否在国外仲裁(上)》,《商法》2014 年第 3 期。

只与该国有关",则无论"被选择法院处于何地",都不具有"国际性"。笔者认为,这种表述与《新加坡调解公约》第1条第1款的含义是一致的。《选择法院协议公约》第1条第3款规定:"案件是国际性的,该外国判决方可寻求被承认或执行。"第20条(限制承认和执行的声明)规定:"一国可以声明,如果当事人在该被请求国居住,并且除被选择法院所在地外,当事人的关系及与争议有关的任何其他因素仅与该被请求国相关联,其法院可以拒绝承认或者执行另一缔约国法院做出的判决。"这与《新加坡调解公约》的精神也是一致的。

三部公约在适用方面都与当事人的国籍无关,即只着眼于协议、裁决、判决的国际性,而不要求当事人必须是缔约国国民。《新加坡调解公约》和《纽约公约》有一个共同点,就是不要求和解协议缔结地和仲裁裁决做出地必须属于缔约国,《纽约公约》允许缔约国作互惠保留。① 《选择法院协议公约》第3条(排他性选择法院协议)第1项则要求当事人必须在缔约国范围内选择法院。②

(二)适用除外

《新加坡调解公约》和《选择法院协议公约》在不适用领域方面有很大相似性,即在消费者保护、雇佣劳务、抚养、婚姻、继承等方面不适用。《选择法院协议公约》的负面清单更多、更细,还包括破产、运输、海事、反不正当竞争、核损害、人身伤害、财产损害、不动产权、知识产权等。这些负面清单项目的共性是涉及当

---

① Article I 3. When signing, ratifying or acceding to this Convention, or notifying extension under article X hereof, any State may on the basis of reciprocity declare that it will apply the Convention to the recognition and enforcement of awards made only in the territory of another Contracting State....

② Article 3 Exclusive choice of court agreements For the purposes of this Convention-a) "exclusive choice of court agreement" means an agreement concluded by two or more parties that meets the requirements of paragraph c) and designates, for the purpose of deciding disputes which have arisen or may arise in connection with a particular legal relationship, the courts of one Contracting State or one or more specific courts of one Contracting State to the exclusion of the jurisdiction of any other courts; ...

事人一方重大利益又往往与其人身权利息息相关。另外，此类争议双方在势力上往往天然不对等，因而绝大多数国家对这些领域都有专门立法规制。

还有一类不适用是对相邻争端解决机制的礼让。《新加坡调解公约》第 1 条第 3 款对于当事人在法院诉讼、仲裁或判决执行过程中形成的和解协议不视为该公约所规制的范畴。①《选择法院协议公约》第 2 条第 4 款也明确该公约不涉及仲裁程序。② 另外，《新加坡调解公约》在该款项中又特别强调关注法院判决与仲裁裁决的可执行性。有的和解协议记录了在和解过程中，法官或仲裁员参与了调解活动，但最终形成的和解协议不被执行地主管机关作为判决或裁决来执行，在中国也会出现类似情况。③ 为避免出现这种"两不像三不管"、使和解协议当事人失去寻求救济机会的情况，《新加坡调解公约》工作组一致认为，不能仅因为有法官或仲裁员参与调解"被记录"（recorded），根据执行地法律而不具可执行性，就将该和解协议排除在公约适用范围之外。根据《新加坡调解公约》第 1 条第 3 款，只有法院批准的协议、被执行地主管机关作为法院判决或仲裁裁决执行的协议，才不属于本公约所规制范畴。这就厘清了调解、仲裁、诉讼三种解决商事争议的途径，即使殊途同归于"和解"，在执行程序上也是一码归一码，井水不犯河水，且不留死角。

---

① Article 1. Scope of application 3. This Convention does not apply to： （a）Settlement agreements：（i）That have been approved by a court or concluded in the course of proceedings before a court；and （ii）That are enforceable as a judgment in the State of that court； （b）Settlement agreements that have been recorded and are enforceable as an arbitral award.

② Article 2 Exclusions from scope （4）This Convention shall not apply to arbitration and related proceedings.

③ 2014 年《最高人民法院关于适用〈中华人民共和国民事诉讼法〉的解释》第 148 条规定：当事人自行和解或者调解达成协议后，请求人民法院按照和解协议或者调解协议的内容制作判决书的，人民法院不予准许。

（三）为谁保留

有保留地参加公约是为了排除或改变公约某些原则或条款对本国的法律效力而作的正式声明。《选择法院协议公约》通篇没有"保留"条款，但赋予缔约国做一些限制性适用声明的权利，实质也就是允许缔约国在执行公约过程中打一定折扣。《纽约公约》通篇也未见"reservation"一词，但第 1 条第 3 款确实给了缔约国两项保留权利，一个是互惠保留，另一个是商事保留。① 中国在 1986 年加入《纽约公约》时都欣然受纳做出保留了，即中国"只在互惠的基础上对在另一缔约国领土内做出的仲裁裁决的承认和执行适用该约"和"只对根据中华人民共和国法律认定为属于契约性和非契约性商事法律关系所引起的争议适用该公约"。根据这两项保留，中国对"非缔约国领土内作成之裁决"和"对外国投资者与东道国政府之间争端的裁决"不适用《纽约公约》。② 但这两项保留在实践中能给缔约国带来多大现实利益，值得商榷。

《纽约公约》最大的受益人是在外国仲裁裁决胜诉且申请执行的当事人。如果缔约国作互惠保留就意味着不承认在非缔约国做出的仲裁裁决，其结果无非是鼓励当事人选择去缔约国仲裁。如果被执行财产在做出互惠保留的缔约国的话，对等措施只能对当事人选择仲裁地进行了一定限制，却并未给执行地国带来什么实际好处。随着缔约国数量的不断增加，互惠保留对公约适用范围的影响也就越来越小。《新加坡调解公约》没有设置互惠保留条款，不仅因为

---

① Article I 3. When signing, ratifying or acceding to this Convention, or notifying extension under article X hereof, any State may on the basis of reciprocity declare that it will apply the Convention to the recognition and enforcement of awards made only in the territory of another Contracting State. It may also declare that it will apply the Convention only to differences arising out of legal relationships, whether contractual or not, which are considered as commercial under the national law of the State making such declaration.

② 《最高人民法院关于执行我国加入的〈承认及执行外国仲裁裁决公约〉的通知》，法（经）发〔1987〕15 号。

和解协议缔结地不像仲裁地和法院所在地那样容易识别，而且就像《纽约公约》不问仲裁协议缔结地、《选择法院协议公约》不察选择法院协议缔结地一样，确定和解协议来源国也无甚意义，实无必要。

《新加坡调解公约》和《纽约公约》都认可缔约国进行商事保留声明，但两公约允许商事保留的内容还有些出入。《新加坡调解公约》第 8 条（保留）第 1 款第 1 项规定，公约当事方可以声明："对于其为一方当事人的和解协议，或者对于任何政府机构或者代表政府机构行事的任何人为一方当事人的和解协议，在声明规定的限度内，本公约不适用"。据此，以政府机构为商事主体签订的和解协议，可以通过缔约国声明保留而不适用于该公约。《纽约公约》第 1 条第 3 款规定："任何国家亦得声明，该国唯于争议起于法律关系，不论其为契约性质与否，而依提出声明国家之国内法认为系属商事关系者，始适用本公约。"可见，《纽约公约》的保留条款着眼于争议的商事性，《新加坡调解公约》的保留条款则着眼于争议主体的商事性。

笔者认为商事保留对于执行地国意义也不大。因为要实现"拒绝涉及外国政府财产的申请执行，不对相关财产采取执行措施"这一目的，通过援用执行地国家豁免制度就可以达到，无需在国际商事执行公约作保留声明。另外，缔约国在三部公约中以履行执行义务为主，作商事保留声明也只是意味着执行地主管机关可以拒绝涉及外国政府财产的执行申请，不对相关财产采取执行措施，但不能保证执行地国政府的财产在未作商事保留的缔约国不被执行。《选择法院协议公约》对这个问题的处理较为妥当，在该公约第 2 条（适用除外）第 5 款规定："一方当事人是国家，包括政府、政府机构或代表国家的任何人，依据该单纯事实诉讼并不排除在公约的范围之外。"首先肯定缔约国政府和其代表都要受该公约约束，在第

6 款又明确："本公约的任何规定不影响国家或国际组织本身及其财产的特权和豁免。"

因此，在《纽约公约》大家庭中为谁保留的问题，需要反思。尽管迄今在《纽约公约》作互惠保留的有 75 个国家，作商事保留的有 47 个国家，① 但对其实际作用，应予评估。

相比另外两公约，《新加坡调解公约》第 8 条第 1 款第 2 项设置了一个新型保留条款，即允许缔约国将和解协议是否适用本公约交由当事人明示。② 工作组曾就 "option out（选择不适用）" 和 "option in（选择适用）" 两个选项进行长时间讨论，前者是指 "只有当事人在和解协议中约定适用才适用，否则并不自动适用"；后者是指 "除非当事人在和解协议中约定排除适用，否则自动适用"。公约最终的设置是原则上适用后者，允许缔约国以声明保留的方式适用前者。加上前述商事保留，除这两项之外，不再允许缔约国作其他保留。

四 拒绝准予救济的理由

首先要清楚准予救济的条件。准予救济是基于和解协议之于准据法的有效性和可操作性并无悖于执行地国公共政策。《纽约公约》和《选择法院协议公约》对此都有相似的规定甚至相同的句式。《纽约公约》第 5 条要求当事人具有完全行为能力、仲裁协议有效、仲裁范围符合当事人约定、程序正当、裁决具有拘束力、属执行地国法律允许仲裁事项（可仲裁性）且不违反执行地国公共政策。《选择法院协议公约》第 9 条（承认或者执行的拒绝）也要求当事

---

① 参见纽约公约网站（http://www.newyorkconvention.org/countries）。

② Article 8. Reservations 1. A Party to the Convention may declare that：（b）It shall apply this Convention only to the extent that the parties to the settlement agreement have agreed to the application of the Convention.

人具有缔结选择法院协议的能力、协议有效、程序正当、无平行诉讼冲突且不明显违背被请求国的公共政策。可见，《选择法院协议公约》第9条的大部分措辞就是《纽约公约》第5条的翻版。

缔结和解协议不像仲裁和诉讼那样需要有严格的组庭、送达、答辩和审理等程序规则，但《新加坡调解公约》第5条（拒绝准予救济的理由）对于和解协议的可执行性提出了更为细致的要求，如：和解协议必须具有终局的约束力并且不能被随后修改、协议义务尚未履行、对协议义务必须表述清晰且能够被理解。发布于2018年2月的《最高人民法院关于人民法院办理仲裁裁决执行案件若干问题的规定》（法释〔2018〕5号）对于仲裁裁决或者仲裁调解书可执行性的要求，笔者认为也不妨用来审视和解协议。根据该规定第3条，和解协议应该有明确的权利义务主体、金钱给付具体数额或者能够计算出具体数额的计算方法、明确的特定物、行为履行的标准、行为履行的对象及范围。对不符合这些要求的裁决或调解书，执行地主管机关可以拒绝救济。

违反执行地公共政策是在三部公约中明确允许拒绝执行协议、裁决或判决的理由。学术界对于因公共政策导致执行例外方面的论述已有不少，老生常谈很难有所突破，原因在于"公共政策（或称社会公共利益）"不是纯粹的法律概念。法理学告诉我们，政策与法律作为两种不同的社会政治现象，虽然存在着密切的联系，但在意志属性、规范形式、实施方式、表现形式、稳定程度方面都有诸多不同。《纽约公约》中的公共政策制度，是指在仲裁裁决的执行中，当执行仲裁裁决将与执行地国的重大利益、基本政策、基本道德观念或法律的基本原则相抵触时，可以援引公共政策为理由拒绝执行。我们可以将其视作一个保护性条款，该条款赋予执行地主管机关（法院）一种在特定事态下根据具体情况进行自由裁量的权力。

公共政策所维护的公共秩序或善良风俗是一个关系到时间和地域的概念，由于政治制度和文化传统的差异，不同国家可能对公共政策的内涵有不同的解释，而且，即便是在同一个国家，其公共政策的内涵也会随着社会的发展而变化。在现代多元化的开放社会，关于公共秩序或善良风俗更有极大的不确定性，难期有定于一尊的见解，在审查过程中终究有赖以法官个人的认知。[①]

公共政策的适用应着眼于维护社会的基本价值观，如：公平正义、诚实信用、禁止权力滥用、禁止无偿征收、禁止种族歧视、禁止色情损害儿童权益、禁止贩卖奴隶、禁止盗版。目前多数国家对公共政策的解释趋于限缩。如果把公共政策作为兜底条款解释成一个筐，什么都可往里装，结果难免被滥用。在国际社会滥用例外或保护性条款往往也会殃及自身利益。

中国对"公共政策"的态度也是严格适用。宋建立法官在《公共政策在仲裁司法审查中的适用》一文中总结中国明确排除适用公共政策的情形："1. 我国法律的一般性强制规定不应作为公共政策适用的事由；2. 仲裁适用我国法律适当与否不应作为公共政策适用的事由；3. 仲裁裁决结果公正与否不应作为公共政策适用的事由；4. 仲裁裁决对我国法律曲解或做出不当性评价，不应作为公共政策适用的事由。"他说："公共政策是一个国家根本利益的安全阀。截至目前，我国的司法实践以违反公共政策为由予以撤销或不予执行涉外仲裁裁决也只有屈指可数的三、四起案件。"[②] 可见三十多年来，中国在执行《纽约公约》方面堪称典范。笔者认为，中国对外国仲裁裁决的执行标准也可以移植到执行和解协议中来。

---

① 杨弘磊：《中国内地司法实践视角下的〈纽约公约〉问题研究》，法律出版社2006年版，第341—371页。
② 宋建立：《公共政策在仲裁司法审查中的适用》，《人民司法（应用）》2018年第1期。

五　有待配套的国内制度

（一）对和解协议准予救济的实体要件

目前，对于当事人在国外诉讼或仲裁程序中达成的和解协议，转化成判决或裁决，可按照2017年《民事诉讼法》第281条和283条规定，直接向被执行人住所地或者其财产所在地的中级人民法院申请承认和执行，但对于当事人在国外自行达成的和解协议在中国申请执行或寻求救济问题，尚无适用法。

2011年最高人民法院公布了一项针对国内调解的《关于人民调解协议司法确认程序的若干规定》，其中第7条列举了六种法院不予确认调解协议效力的情形，即：协议违反法律、行政法规强制性规定的；侵害国家利益、社会公共利益的；侵害案外人合法权益的；损害社会公序良俗的；内容不明确，无法确认的；其他不能进行司法确认的情形。这六种情形基本上可以与《新加坡调解公约》第5条拒绝准予救济的理由相互涵盖，虽然看起来比前述执行外国仲裁裁决所把握的惯例严苛了一些。

（二）《中华人民共和国人民调解法》所述的"调解协议"不在《新加坡调解公约》的适用范围

《新加坡调解公约》第1条（适用范围）第3款第1项第1目明确规定："本公约不适用于经由法院批准或者系在法院相关程序过程中订立的协议"，该条厘清了"在调解员协助下订立的"商事和解协议与"法院批准生效的"商事和解协议，后者不属于《新加坡调解公约》适用范围，但后者恰恰属于2011年实施的《中华人民共和国人民调解法》（以下简称《人民调解法》）所谓的具有"强制执行力"的调解协议。根据《人民调解法》第33条，"经人民调解委员会调解达成调解协议后，双方当事人认为有必要的，可以自调解协议生效之日起三十日内共同向人民法院申请司法确认，人民法院应当及时对调解协议进行审查，依法确认调解协议的效力。人民法院依法确认调解协议有效，一方当事人拒绝履行或者未全部履行的，对方当事人可以向人民法院申请强制执行。"该条所述的"司法确认"当是《新加坡调解公约》所谓"经由法院批准（approved by a court）"之义。只有经过人民法院司法确认有效的调解协议，才具有可强制执行的效力。法院审查调解协议的标准体现在 2011 年《关于人民调解协议司法确认程序的若干规定》第 7 条，应当说该条所列举的六种不予确认的情形与《新加坡调解公约》第 5 条（拒绝准予救济的理由）是高度相似的。笔者所不解的是《人民调解法》第 33 条的程序规定，要使调解协议具有强制执行力，双方当事人必须"自调解协议生效之日起三十日内共同向人民法院申请司法确认"，这"三十日"期限的依据是什么？双方当事人"共同申请"的可行性有多大？司法确认调解协议后有无时效性？如何查询备案？显然许多规定动作对于寻求跨境执行商事和解协议的当事人各方都是难以做到的。

毫无疑问，在调解协议的强制执行力有赖于执行地主管机关司法审查这一点，《新加坡调解公约》与《人民调解法》并无二致，但就赋予调解协议以强制执行力的程序方面，前者更为务实可行，即不必事先预约、确认、备案，在调解协议不被执行的情况下，当事人即可向执行地主管机关寻求救济，主管机关应当及时对调解协议进行审查，依法确认调解协议的效力，赋予其强制执行力。如此看来，制定一部与《新加坡调解公约》相衔接的《商事调解法》很有必要，甚至可以制定统一的、与《民事诉讼法》《仲裁法》并行的《调解法》替代《人民调解法》。

（三）对调解主体的限制

根据《民事诉讼法》《仲裁法》《人民调解法》，目前司法机关只认可由人民法院、仲裁机构、人民调解委员会以机构名义做出的调解协议，对于通过人民调解委员会达成的调解协议，还需经法院司法确认方具有强制执行力。① 迄今中国法律对于国内仲裁、调解只认可常设机构所做的裁决、调解协议，而不认可个人或临时性机制对争议解决的效力。《纽约公约》第 1 条第 2 款就明确本公约所述"仲裁裁决"既包括对专案的临时特设仲裁裁决，也包括常设仲裁机关所做的裁决。没有给缔约国作保留的余地。1986 年中国加入该公约时也接受了该条件，于是形成了双轨制，对来自国外的机构仲裁和临时仲裁均予以形式上的认可，而对国内仲裁则按照《仲裁法》只承认机构仲裁。中国的商事调解制度与贸法会制定的《国际商事调解和调解所产生的国际和解协议示范法》对于调解主体的设定也是不一致的。根据后者第 1 条第 2 款和第 3 款，"调解员"指独任调解员或者两名或者多名调解员，视情形而定；"调解"指当事人请求一名或者多名第三人（"调解员"）协助其设法友好解决合同关系或者其他法律关系所产生的或者与之相关的争议的过程，而不论此种过程以调解或者类似含义的措辞称谓。而《人民调解法》则规定：当事人经法定机构——人民调解委员会调解达成的调解协议，才具有法律约束力，这显然限制了全社会对调解事业的参与度。

一个值得关注的现象是，近些年中国司法机关似乎已经开始尝试扩大调解主体范围。2017 年 10 月 16 日，最高人民法院、司法部印发《关于开展律师调解试点工作的意见》（司发通〔2017〕105

---

① 2011 年《人民调解法》第 31 条规定：经人民调解委员会调解达成的调解协议，具有法律约束力，当事人应当按照约定履行。人民调解委员会应当对调解协议的履行情况进行监督，督促当事人履行约定的义务。2011 年《人民调解法》第 33 条规定：经人民调解委员会调解达成调解协议后，双方当事人认为有必要的，可以自调解协议生效之日起三十日内共同向人民法院申请司法确认，人民法院应当及时对调解协议进行审查，依法确认调解协议的效力。人民法院依法确认调解协议有效，一方当事人拒绝履行或者未全部履行的，对方当事人可以向人民法院申请强制执行。人民法院依法确认调解协议无效的，当事人可以通过人民调解方式变更原调解协议或者达成新的调解协议，也可以向人民法院提起诉讼。

号），要求在11个省（市）进行试点，允许一名或者多名律师以调解员名义，作为中立第三方主持调解，协助纠纷各方当事人通过自愿协商达成协议解决争议。同时，在自由贸易试验区内建立临时仲裁制度也在积极讨论中。

对调解员执业操守和必要信息披露也被写入《新加坡调解公约》第5条第1款第5项和第6项，① 但作为国际公约是无法对调解员制定资质标准的。目前中国对人民调解员和律师调解员都有资质要求，但执行地主管机关显然无法要求外国仲裁员、法官或调解员通过本国的相关资质考试，《纽约公约》《选择法院协议公约》和《新加坡调解公约》都没有做这种要求。

（四）建立对调解解决商事争议的鼓励机制

与商事调解比较，仲裁与诉讼周期长、耗费司法人力资源，对当事人而言，不仅牵扯精力、贻误商机，结果也有很大的不确定性。调解即是帮助当事人重新建立因争执而中断的沟通，是当事人各方了解对方的想法、期望和困难，达至谅解，共同面对困难，合作解决问题，最终实现和解，重新建立合作关系。通过辨法析理，疏导—评估—促进三部曲，与硬裁、硬判相比，基于调解而实现的和解，更有助于彻底化解矛盾，构建和谐社会。

中华民族在历史上崇尚为人处世以和为贵。人们对"和为贵"的传统理解往往要么是"宽容大度""吃亏是福""花钱消灾""舍小利存大义"，缺乏"风物长宜放眼量"的胸怀；要么就偏离了经

---

① Article 5. Grounds for refusing to grant relief 1. The competent authority of the Party to the Convention where relief is sought under article 4 may refuse to grant relief at the request of the party against whom the relief is sought only if that party furnishes to the competent authority proof that：（e）There was a serious breach by the mediator of standards applicable to the mediator or the mediation without which breach that party would not have entered into the settlement agreement；or（f）There was a failure by the mediator to disclose to the parties circumstances that raise justifiable doubts as to the mediator's impartiality or independence and such failure to disclose had a material impact or undue influence on a party without which failure that party would not have entered into the settlement agreement.

济利益，走向"死磕""不蒸馒头争口气"的另一极端，这些行为都距和解的真谛相去甚远。笔者认为，对于越是数额巨大的商事争议，理智的当事人往往越会慎重考量，对事实认定接近客观，对适用法律把握更为准确，外加优秀调解员全面的利弊分析、评估，和解解决无疑比通过仲裁裁决和法院判决更符合当事各方的利益。应该通过立法鼓励调解解决商事争议，首先要让当事人感到通过调解解决争议的优势与好处，其次提供和解协议执行便利。例如香港司法机构于 2010 年发布实务指示（PD31）规定："法律代表须向其当事人提出忠告，法庭会对不曾参与调解但没有合理解释的一方，发出不利的讼费令。"此类做法值得内地借鉴。最后，也是至关重要的一点，就是"以商业思维推动商事调解"。根据现行《人民调解法》第 4 条规定，"人民调解委员会调解民间纠纷，不收取任何费用"，这显然堵死了商事调解发展之路，也与 1980 年贸法会制定的《调解规则》以及目前新修订的草案精神不相适应。调解是有别于诉讼和仲裁而另辟蹊径的解决争议方式，也是一门在法治轨道中独立发展的行业。优秀调解员不仅须有敬业情怀，还必须通过系统培训和经验积累练就高超的定分止争技艺，一味强调"义务劳动"是无法推动商事调解事业可持续发展的。

（五）公约对中国香港、澳门地区的适用

三部公约对于"非统一法律制度"的规定是统一的。《新加坡调解公约》第 13 条第 1 款规定："公约一当事方拥有两个或者多个领土单位，各领土单位对本公约所涉事项适用不同法律制度的，可以在签署、批准、接受、核准或者加入时声明本公约延伸适用于本国的全部领土单位或者仅适用于其中一个或者数个领土单位，且可随时通过提出另一声明修正其所做的声明。"这几乎与 60 年前的

《纽约公约》第 10 条第 1 款①和 2017 年中国签署的《选择法院协议公约》第 28 条（关于非单一法律制度的声明）第 1 款②同出一辙。这意味着中国加入公约时应该就在实行"一国两制"的香港、澳门特别行政区对公约适用问题有个说明，虽然 1986 年中国加入《纽约公约》时这两个地区尚未回归，待回归后补充说明也是必要的。

如果中国没有就公约在香港、澳门地区的适用问题做出声明，根据《新加坡调解公约》第 13 条第 4 款③和《选择法院协议公约》第 28 条第 3 款，④ 该公约自动延伸适用于中国的全部领土单位。这种规定的依据是 1969 年《维也纳条约法公约》，该公约第 29 条（条约之领土范围）规定："除条约表示不同意思，或另经确定外，条约对每一当事国之拘束力及于其全部领土。"中国早年签署的许多双边投资协定没有提及协定在香港、澳门地区的适用问题，彼时该地区尚未回归。香港、澳门回归后，之前的国际投资协定适用问题曾引发业界与学界不小争论。⑤

---

① Article X1. Any State may, at the time of signature, ratification or accession, declare that this Convention shall extend to all or any of the territories for the international relations of which it is responsible. Such a declaration shall take effect when the Convention enters into force for the State concerned.

② Article 28 Declarations with respect to non-unified legal systems (1) If a State has two or more territorial units in which different systems of law apply in relation to matters dealt with in this Convention, it may at the time of signature, ratification, acceptance, approval or accession declare that the Convention shall extend to all its territorial units or only to one or more of them and may modify this declaration by submitting another declaration at any time.

③ Article 13. Non-unified legal systems 4. If a Party to the Convention makes no declaration under paragraph 1 of this article, the Convention is to extend to all territorial units of that State.

④ Article 28 Declarations with respect to non-unified legal systems (3) If a State makes no declaration under this Article, the Convention shall extend to all territorial units of that State.

⑤ 2006 年 ICSID 关于香港居民谢业深诉秘鲁政府案，2016 年新加坡上诉法院关于澳门 Sanum 公司诉老挝政府案。

六 小结

"法律全球化"这一古老命题①在二十年前的中国曾被当作呓语引发学术界争论。② 弹指一挥间，在已成不争事实的"经济全球化"形势下，世界许多国家的民商事法律从程序到实体已经呈现出极大的趋同性，随着人类经济交往的场域日益超越国家的边界，法律全球化亦成为当今世界法律发展的基本态势。

2018 年 3 月中国第十三届全国人民代表大会第一次会议通过宪法修正案，将宪法序言第十二段中"发展同各国的外交关系和经济、文化的交流"修改为"发展同各国的外交关系和经济、文化交流，推动构建人类命运共同体"。这表明，中国在以往所倡导的和谐世界观、可持续发展观之外，又逐步树立起相互依存的国际权力观、共同利益观和全球治理观，以"命运共同体"的新视角，寻求人类共同利益和共同价值的新内涵。③ 这些新理念为建设人类命运共同体提供了基本的价值观基础，也为法律全球化提供了理论依据。

诉讼、仲裁、调解是解决商事争议的三大途径，执行相关判决、裁决、和解协议是定分止争的终极，执行外国法院判决、仲裁裁决、和解协议就意味着对外国司法理念和民商事规则的认可，这是法律全球化的一项重要指标，也是人类命运共同体相互依存、相互协作的重要表现。自 1978 年实行改革开放以来，中国先后加入

---

① 从法史学的角度上看，法律全球化的理念最早可以追溯到古罗马时期。当时著名的政治思想家西塞罗继承了古希腊晚期斯多葛派的自然法理念和"人类普遍理性"的观点，提出了"世界天国政府"中存在着普遍的自然法则。他认为：出于人和上帝共同具有理性的缘故，天国的自然法则在人类社会中就体现为世界国家的共同法则。

② 刘志云：《法律全球化，呓语呼——兼与沈宗灵等先生商榷》，《福建政法管理干部学院学报》2002 年第 3 期。

③ 《国务院新闻办发表〈中国的和平发展〉白皮书（全文）》，http：//www.gov.cn/jrzg/2011 - 09/06/content_1947/204.htm。

了《纽约公约》和《选择法院协议公约》，迈出在司法领域与世界接轨的重要两步。值《新加坡调解公约》诞生之际，认真总结经验、研究公约，应该及时提上议事日程。早日加入《新加坡调解公约》将是中国在推行多元化解决商事纠纷方面又迈出的扎实一步。

第 二 章

《新加坡调解公约》具体条文的解读
及其适用的法律效果

　　《新加坡调解公约》包括序言和正文部分。正文部分共 16 个条款，其中前 8 个条款规定了公约的适用范围、定义、一般原则、对依赖于和解协议的要求、拒绝准予救济的理由、平行申请或者请求、其他法律或者条约、保留等方面；后 8 个条款对公约的生效与修正、加入与退出等程序事项做出了规定。根据《新加坡调解公约》第 1 条，公约仅适用于解决商事争议的和解协议；和解协议必须具有国际性，应以书面形式做出，且需要经过调解而形成；公约适用于和解协议的整体，包括金钱与非金钱义务。《新加坡调解公约》第 3 条确立了直接执行机制，并且明确规定当事人可在非执行程序中援用和解协议。《新加坡调解公约》第 4 条和第 5 条对当事人依赖和解协议的要求和主管机关拒绝准予救济的理由进行了规定。第 6 条处理了并行程序问题，《新加坡调解公约》规定当出现并行程序时，执行机关若认为适当，可在司法程序未结束前推迟就执行事宜做出裁定，或者在和解协议被主管法院认定无效的情况下拒绝予以执行。为尊重各国国内法的规定，《新加坡调解公约》第 7 条规定允许当事人适用对执行更有利的国内法规。

　　《新加坡调解公约》的一大特点在于其将保留的内容以公约正

式条款的方式列明，供签约国选择。并且，除公约第 8 条允许的商事保留和特殊保留外，各国在签署批准或加入时，不得对公约其他内容做出保留。下文拟通过解读保留条款的内涵与外延、比较《新加坡调解公约》与《纽约公约》对保留条款规定的差异、分析学界不同观点以及中国立法实践及发展，最终得出研究建议。

条文解读对于理解公约、适用公约及批准公约意义十分重要，研究项目组根据贸法会的相关文件及研究项目组成员参与公约起草工作期间的大量一手资料对公约的主要条款进行解读，同时，对条文适用的法律效果开展研究，在此基础上，对中国最终批准公约提出建议。

第一节 《新加坡调解公约》 条文的解读

第 1 条适用范围

公约第 1 条规定：

"1. 本公约适用于调解所产生的、当事人为解决商事争议而以书面形式订立的协议（'和解协议'），该协议在订立时由于以下原因而具有国际性：

（a）和解协议至少有两方当事人在不同国家设有营业地；或者

（b）和解协议各方当事人设有营业地的国家不是：

（i）和解协议所规定的相当一部分义务履行地所在国；或者

（ii）与和解协议所涉事项关系最密切的国家。

2. 本公约不适用于以下和解协议：

（a）为解决其中一方当事人（消费者）为个人、家庭或者家居目的进行交易所产生的争议而订立的协议；

（b）与家庭法、继承法或者就业法有关的协议。

3. 本公约不适用于：

（a）以下和解协议：

　　（i）经由法院批准或者系在法院相关程序过程中订立的协议；和

　　（ii）可在该法院所在国作为判决执行的协议；

（b）已记录在案并可作为仲裁裁决执行的协议。"

《新加坡调解公约》第 1 条规定了公约的适用范围，在理解时需要注意以下几点：

第一，和解协议需要具有国际性，单纯的国内商事调解不适用于公约。贸法会第二工作组（以下简称"工作组"）在本条的制定过程中，曾使用公约适用于"国际协议"或者"国际和解协议"这一表述。在工作组第六十八届会议上，工作组提出"国际协议"一词可能会产生歧义，因为它通常用来指代国家与其他国际法人之间缔结的受国际法约束的协议（It was suggested that the use of the term "international agreements" in article 1 （1） of the draft convention could raise confusion as that expression often referred to agreements between States or other international legal persons binding under international law）[1]。因此，工作组建议使用"和解协议在订立时具有国际性"代替"国际协议"这种说法。

根据公约第 1 条第 1 款，和解协议在以下情形具有国际性：（a）和解协议至少有两方当事人在不同国家设有营业地；或者（b）和解协议各方当事人设有营业地的国家不是（i）和解协议所规定的相当一部分义务履行地所在国；或者（ii）与和解协议所涉事项关系最密切的国家。

第二，公约仅适用于"调解所产生的"和解协议。在公约制定过程中，部分国家代表主张不应使用"调解所产生的（agreements

---

[1]　工作组第六十八届会议工作报告（A/CN.9/934 第 17 段）。

resulting from mediation）"这种反映因果关系的措辞。但工作组认为，"调解所产生的"这一表述可以鼓励当事人使用调解方式解决国际商事争端，也保证了公约不会和其他与诉讼或仲裁相关的公约之适用相冲突。就何为"调解所产生的"和解协议，公约规定在第2条对"调解"的定义中。

第三，和解协议必须以书面形式做出。在公约制定过程中，部分国家（如墨西哥、法国、德国）代表建议去掉书面形式的要求，认为这样可以反映贸易实践和惯例的最新变化。但工作组认为，公约的目的是便利和解协议的执行，要求和解协议以书面形式做出可以更高效地推进执行程序。

另外，美国代表在公约制定过程中表示，公约第2条已对"书面形式"做出了定义，没有必要在第1条（适用范围）中再次明确公约应"以书面形式"做出。中国代表则认为应该在第1条（适用范围）中保留书面形式的要求，因为精确、详细地拟定第1条（适用范围）有利于确定公约的适用范围，减少争议。工作组最终决定，在不同条款中对书面形式均做出规定并无不妥，且可以使公约约定更加明确，因此在第1条（适用范围）中也保留了书面要求。

第四，公约适用于和解协议的整体，包括其中的金钱与非金钱义务。工作组认为，当和解协议同时包含金钱义务和非金钱义务时，如果只执行其中的金钱义务，而不执行非金钱义务，可能造成不公。因此，公约适用于和解协议的整体，不区分金钱和非金钱义务，且不允许缔约国对此做出保留。

实践中，调解达成的和解协议经常包括非金钱义务，且和解协议中很可能存在双方互负给付义务的情况。例如，一份和解协议可能约定甲方向乙方支付一定金额的价款，同时乙方向甲方交付特定物（如一幅名画）。在申请执行和解协议程序中，如果一方的非金钱给付义务（如交付名画）难以执行，法院是否可以执行另一方的金钱给付义务？对此，建议最高人民法院出台相应司法解释，并对此问题给出进一步指引，避免对一方当事人造成不公。

第五，公约仅适用于解决商事争议的和解协议，不适用于与婚姻家庭法、劳动法、继承法有关的和解协议。同时，在司法程序或仲裁程序期间达成的和解协议，视和解协议能否作为法院判决或仲裁裁决得到执行而区别对待。如果可以作为法院判决或仲裁裁决执行，则不适用于公约。如果双方在仲裁程序中经调解达成和解协议，而后申请人撤回了仲裁申请的，该和解协议可以适用于公约。

第 2 条定义

公约第 2 条规定：

"1. 在第 1 条第 1 款中：

（a）一方当事人有不止一个营业地的，相关营业地是与和解协议所解决的争议关系最密切的营业地，同时考虑到订立和解协议时已为各方当事人知道或者预期的情形；

（b）一方当事人无营业地的，以其惯常居住地为准。

2. 和解协议的内容以任何形式记录下来即为'书面形式'。电子通信所含信息可调取以备日后查用的，该电子通信即满足了和解协议的书面形式要求。

3. '调解'不论使用何种称谓或者进行过程以何为依据，指由一名或者几名第三人（'调解员'）协助，在其无权对争议当事人强加解决办法的情况下，当事人设法友好解决其争议的过程。"

《新加坡调解公约》第 2 条对"营业地""书面形式""调解"进行了定义。

就公约对"营业地"的规定，在公约制定过程中，部分国家（如法国）代表认为，"营业地"一词广为人知，常在涉及商法时使用，而且是一个已为不同法律传统接受的用语。"营业地"应当由一国主管执行机构来确定，公约对"营业地"加以定义将超出公约的范围。工作组最终认为，公约应对"营业地"做出规定，以更好地为当事人提供明确指引。并且，在当事人有不止一处营业地的情况下，公约第2条第1款（a）项提供了和解协议与相关营业地之间的关联。

就公约对"书面形式"的规定，工作组认为应遵循功能等同原则（或称电子通信功能等同原则）。在公约制定过程中，工作组参照了《联合国国际合同使用电子通信公约》第9条第2款对于书面形式遵循功能等同原则的规定，认为电子签字只要可以日后被调取查用，即满足和解协议的书面形式要求。

就公约对"调解"的规定，首先，根据公约第1条，公约仅适用于"调解所产生的"和解协议。其次，公约对"调解"的定义，参照了《示范法》第1条第3款的规定，即强调第三人协作的特征，要求调解需经过"一位或几位第三人（'调解员'）协助"。据此，争议各方自行协商达成的和解协议不适用于公约。

同时，工作组认为，公约下的"调解"不应被限制为"有安排的或有组织的过程"，否则将偏离《调解示范法》对"调解"的定义。工作组在第六十五届会议上重申："有安排的或有组织的"这一表述并不常用于限定调解过程，因此难免会产生不同理解。如此限定有可能引入一些国内法的相关要求，从而削弱公约的吸引力。据此，公约也未对调解员的身份做出硬性规定，机构调解员或非机构调解员均可成为公约中所指"调解员"。

第3条 一般原则

公约第3条规定：

"1. 本公约每一当事方应按照本国程序规则并根据本公约规定的条件执行和解协议。

2. 如果就一方当事人声称已由和解协议解决的事项发生争议，公约当事方应允许该当事人按照本国程序规则并根据本公约规定的条件援用和解协议，以证明该事项已得到解决。"

《新加坡调解公约》第 3 条对和解协议的执行以及在非执行程序中援用和解协议的一般原则进行了规定。

第一，公约确定适用直接执行机制。在公约起草过程中，部分国家（如挪威）代表认为公约应采取审查机制，即需要首先经过和解协议来源国主管机构的认证或认可才能在另一国寻求执行。这些国家代表认为，在和解协议来源国设立一种简单的审查机制可为整个执行程序提供便利，因为来源国更便于初步确定一些问题，例如和解协议的有效性、是否满足对调解过程的程序要求等。但是，另一部分国家（如美国、以色列、瑞士等）代表则认为，公约采取审查机制，则需要考虑如何确定哪个法域对和解协议的审查拥有管辖权、如何确定负责审查的主管机构（例如由调解员、法院或机构进行审查）以及认证程序等问题。采取审查机制耗时较长，可能与公约目的相悖。另外，参考《纽约公约》第 3 条，裁决来源国的审查亦非承认与执行外国仲裁裁决的前提之一。

最终工作组参照《纽约公约》第 3 条的做法采用直接执行机制，使和解协议的当事人能够在执行地要求直接执行，而不要求在来源国对和解协议进行审查。

第二，公约明确可在非执行程序中援用和解协议。例如，一方当事人就某事项提出主张或请求，另一方当事人主张该事项已由双方间签订的和解协议解决，不存在争议。此时，该方当事人可以援用和解协议，以证明争议事项已得到解决。

但是需要注意的是，公约第 3 条第 2 款本身没有对援用和解协议的条件和法律效果给出明确规定。例如，当事人援用的和解协议，是否具有阻断诉讼程序的效果，还是仅具有证据的效力？如果援用和解协议的一方无法按照中国《民事诉讼法》的要求对和解协议做公证和认证，那这份协议是否应被视为欠缺形式上的法律要件？这些问题可能需要最高人民法院出台相应司法解释予以明确。

第 4 条对依赖于和解协议的要求

公约第 4 条规定：

"1. 当事人根据本公约依赖于和解协议，应向寻求救济所在公约当事方主管机关出具：

（a）由各方当事人签署的和解协议；

（b）显示和解协议产生于调解的证据，例如：

    （i）调解员在和解协议上的签名；

    （ii）调解员签署的表明进行了调解的文件；

    （iii）调解过程管理机构的证明；或者

    （iv）在没有第（一）目、第（二）目或者第（三）目的情况下，可为主管机关接受的其他任何证据。

2. 符合下列条件的，即为在电子通信方面满足了和解协议应由当事人签署或者在适用情况下应由调解员签署的要求：

（a）使用了一种方法来识别当事人或者调解员的身份并表明当事人或者调解员关于电子通信所含信息的意图；并且

（b）所使用的这种方法：

    （i）从各种情况来看，包括根据任何相关的约定，对于生成或者传递电子通信所要达到的目的既是适当的，也是可靠的；或者

    （ii）其本身或者结合进一步证据，事实上被证明具备前述（a）项中所说明的功能。

3. 和解协议不是以寻求救济所在公约当事方正式语文拟订的，主管机关可请求提供此种语文的和解协议译本。

4. 主管机关可要求提供任何必要文件，以核实本公约的要求已得到遵守。

5. 主管机关审议救济请求应从速行事。"

《新加坡调解公约》第 4 条对援用和解协议的要求进行了规定。

第一，申请人应提供和解协议。

第二，申请人需要证明调解过程存在的证据，且公约不允许缔约国做出排除适用该条的保留声明。至于证明调解过程存在的方式，包括调解员的签名、调解员签署的表明已进行调解的文件、参与调解过程的管理机构的证明等。

就"调解员签名"这一证明方式，工作组在其第六十三届会议上进行了讨论。加拿大代表指出，加拿大调解员通常不会在和解协议上签字，避免承担责任。中国国际经济贸易仲裁委员会（CIETAC）代表也提出中国调解员在和解协议上签字在中国属于少数做法。但是，西班牙和俄罗斯代表则认为调解员的签字对于保障和解协议的真实性十分必要。土耳其代表提出其国内调解法要求调解员签名。经过多轮讨论，工作组决定"调解员在和解协议上的签名"可作为证明调解员参与调解的情形之一。

就"调解过程管理机构的证明"这一证明方式，北京仲裁委员会/北京国际仲裁中心（BAC/BIAC）代表结合中国仲裁机构的实践，认为将机构证明作为一种申请要件列举出来有利于鼓励机构实践的发展。另外，考虑到个人调解在许多国家不具备公信力，机构证明可以作为对调解本身合法性、公信力的保障。工作组最终决定将"调解过程管理机构的证明"作为证明调解员参与调解的情形之一。

第三，该条再次明确允许使用电子及其他通信手段满足和解协议的书面形式要求。

第四，该条规定主管机关有权要求当事人出具和解协议译本，并可要求当事人提供任何必要的文件。

第五，该条规定主管机关审议救济应当从速行事。这一规定与公约的目的一致，即通过订立一部经调解达成国际商事和解协议的可执行性多边公约，以与《纽约公约》促进仲裁发展相同的方式鼓励调解，解决依据合同法跨境执行烦琐且费时的弊端。规定主管机关应从速审议当事人的申请对于鼓励当事人选择调解具有积极意义。

第 5 条拒绝准予救济的理由

公约第 5 条规定：

"1. 根据第 4 条寻求救济所在公约当事方的主管机关可根据寻求救济所针对当事人的请求拒绝准予救济，唯需该当事人向主管机关提供以下证明：

（a）和解协议一方当事人处于某种无行为能力状况；

（b）所寻求依赖的和解协议：

    （i）根据当事人有效约定的和解协议管辖法律，或者在没有就此指明任何法律的情况下，根据在第 4 条下寻求救济所在公约当事方主管机关认为应予适用的法律，无效、失效或者无法履行；

    （ii）根据和解协议条款，不具约束力或者不是终局的；或者

    （iii）随后被修改；

（c）和解协议中的义务：

（一）已经履行；或者

（二）不清楚或者无法理解；

（d）准予救济将有悖和解协议条款；

（e）调解员严重违反适用于调解员或者调解的准则，若非此种

违反，该当事人本不会订立和解协议；或者

（f）调解员未向各方当事人披露可能对调解员公正性或者独立性产生正当怀疑的情形，并且此种未予披露对一方当事人有实质性影响或者不当影响，若非此种未予披露，该当事人本不会订立和解协议。

2. 根据第 4 条寻求救济所在公约当事方主管机关如果做出以下认定，也可拒绝准予救济：

（a）准予救济将违反公约该当事方的公共政策；或者

（b）根据公约该当事方的法律，争议事项无法以调解方式解决。"

《新加坡调解公约》第 5 条规定了主管机关拒绝救济的理由，分为主管机关依据当事人申请而拒绝救济的理由和主管机关可以依职权审查并拒绝救济的理由。

依据当事人申请而拒绝救济的理由可进一步分为三类，即与当事人相关的抗辩、与和解协议本身相关的抗辩以及与调解过程相关的抗辩。

第一，与当事人相关的抗辩指和解协议当事人一方无行为能力。部分国家（如以色列和越南）代表认为不应将"无行为能力"规定为抗辩理由，原因如下：①若一方当事人无行为能力，那么在调解过程中或者在订立和解协议时，另一方当事人就会提出抗辩，终结调解过程或终止和解协议订立过程。②许多国际条约或国内法都规定了当事人在开始调解过程或者订立和解协议时需要具备行为能力。所以根据这些规则，无行为能力会导致调解过程或者订立和解协议的过程无法继续进行。在这种情况下也就不会发展到执行和解协议这一步。无行为能力这一抗辩理由没有存在的必要。③如果订立和解协议的当事人一方处于某种无行为能力状态，和解协议实际上是缺少实质要件的，和解协议应该无效。所以本项的内容实际上可以涵盖在第 1 款（b）项中。

工作组认为，无行为能力应该作为一种抗辩理由，原因在于，无行为能力涵盖各种情形，可能当事人在和解的过程中有行为能力，但在依公约申请执行时无行为能力。例如，被申请执行人在和解协议缔结后到被申请执行这一阶段中破产就属于这种情况。在这种情形下当事人在调解过程中具有行为能力，所以不会因此导致和解协议无效，不能依据第 1 款（b）项提出抗辩，本项的内容并没有被（b）项完全涵盖。因此，应当将当事人一方无行为能力作为抗辩理由之一。这种规定在各种国际公约和各国国内法中也很常见。

第二，与和解协议本身相关的抗辩包括和解协议无效、失效或无法执行；根据和解协议的条款，不具有约束力或不是终局的；和解协议被修改；和解协议中的义务已得到履行；和解协议内容不清楚或无法理解；准予救济将有悖和解协议条款。具体适用中需要注意以下几点：

首先，判断和解协议是否无效、失效或无法执行的适用法律以当事人的意思自治为优先，即适用法律首先为"当事人有效约定的和解协议管辖法律"。

工作组认为，尊重当事人意思自治优先，与《纽约公约》第 5 条第 1 款（a）项的规定保持一致。同时，公约强调当事人"有效"约定的法律，从而使主管机关可以根据适用的强制性法律和公共政策，评估各方在和解协议中选择法律的有效性。

其次，对于"和解协议内容不清楚或无法理解"这一抗辩理由，各国代表在公约制定过程中有过激烈讨论。

部分国家（如喀麦隆、墨西哥、俄罗斯等）代表认为这一抗辩理由没有存在的必要，因为本条第 1 款的（b）项（即和解协议"无效、失效或者无法履行"）已完全涵盖了本段规定的抗辩理由，而且保留本段会给主管机构的审查带来不确定性。"不清楚或无法理解"这一措辞可能会造成歧义，并赋予主管机关过宽的自由裁量权。同时，只有明确的、可理解的和解协议才具有约束力和可执行力，这条规定没有存在的必要。

另一些国家（如以色列）代表则认为，在遇到不清楚且无法理解的协议时，大陆法系国家通常的做法是对该协议进行解释，因此很少存在因不清楚且无法理解而不能执行的协议。

工作组副主席 Natalie Yu-Lin Morris-Sharma 女士建议使用"不清楚或者无法理解"这一措辞，因为这是可以尽量使各国代表都满意的折中办法，且该表述已足够清晰，没有必要修改。认定和解释和解协议中的义务是否"不清楚或无法理解"属于各国国内程序，是否允许法院解释和解协议的内容应由各国根据对公约的理解进行处理，工作组不再进一步讨论。① 因此，工作组确定本款措辞为"和解协议中的义务……不清楚或者无法理解"。

需要注意的是，按照对和解协议内容审查的程度，审查标准可区分为表面主义和解释主义。所谓表面主义，即只要和解协议在表面上"不清楚或无法理解"，则主管机关就可以拒绝准予救济，不予执行。所谓解释主义，则指和解协议经主管机关查明和解释后仍"不清楚或无法理解"的，主管机关才可以拒绝准予救济，不予执行。这两种查明标准均具有合理性，但可能需要最高人民法院出台相应司法解释加以明确，以统一各地区各级法院的查明标准。

第三，与调解过程相关的抗辩包括调解员违反调解员或调解的准则和调解员未履行披露义务。

其中，就"调解员违反适用于调解员或调解的准则"这一抗辩事由，在公约的草案二稿和三稿中的最初表述为"调解员未公平对

---

① 工作组第六十八届会议录音（2018 年 2 月 5 日 15：00—18：00）。

待各方当事人"。美国代表提议删除，理由有二：一是由于没有判断公平与否的具体标准，所以只得依靠主管机关的主观判断，判断结果容易导致不公；二是如果在调解过程中调解员不公平对待各方当事人，被不公平对待的当事人完全可以退出调解程序，不达成和解协议，也就没有对和解协议执行的抗辩问题存在，本条没有意义。

新加坡代表和中国代表表示同意。中国代表补充道：和解协议的正当性来自于双方当事人的同意，而不是由调解的过程或程序的正当与否决定。如果调解过程中有不公，当事人要及时提出异议，没有及时提出就视为放弃抗辩的权利，之后也不能再针对该不公行为提出抗辩。北京仲裁委员会/北京国际仲裁中心（BAC/BIAC）代表也提出，调解员在调解过程中是否公平对待双方当事人不宜在事后作为审查事项，规定"调解员未公平对待"不利于公约未来发挥作用。

工作组最终决定采纳了上述建议，删除"未公平对待"的表述，改为将调解员"违反调解员或调解规则"作为抗辩理由，以减少不确定性和执行机构的负担。

主管机关可以依职权审查并拒绝救济的理由包括准予救济将违背该国的公共政策，以及和解协议所涉事项无法以调解方式解决。

就公共政策的抗辩事由，工作组在第六十四届会议上指出公共政策可能涉及实体方面和程序方面。鉴于调解程序的灵活性，当事人可能主张调解程序违反程序方面的公共政策。对此，主管的执行机构在评价此种抗辩理由时应适当考虑到调解的这一特性。而对于公共政策的定义问题，工作组在第六十八届会议上指出公共政策的概念将由每一个公约当事方来确定，公约不进行规定。

第 6 条并行申请或请求

公约第 6 条规定：

"如果已经向法院、仲裁庭或者其他任何主管机关提出了与一项和解协议有关的申请或者请求，而该申请或者请求可能影响到根据第 4 条正在寻求的救济，寻求此种救济所在公约当事方的主管机关可在其认为适当的情况下暂停做出决定，并可应一方当事人的请求下令另一方当事人适当具保。"

《新加坡调解公约》第 6 条处理并行程序问题以及公约与其他救济途径的关系问题。

所谓并行程序，指与和解协议的执行程序并列，且可能对其产生影响的司法程序或仲裁程序。例如，在某一法域进行关于和解协议效力的诉讼或仲裁程序，而在另一法域进行和解协议的执行程序。

在公约制定过程中，各国代表讨论了当存在司法或仲裁程序时，执行机关是否需要暂停执行程序的问题。法国代表指出，这个问题有不同的处理方法，取决于程序是在同一法域还是在不同法域进行。若是前者，国内法就可以提供明确的指导；若是后者，则法院不大可能相互协调。法国和德国代表进一步指出，执行机关仅考虑被请求执行地所在国承认的司法裁定即可，不需要考虑承认的依据是某项条约还是国际私法规则。

多数国家代表认为，如果当事人向法院、仲裁庭或其他任何主管机关提出了一项可能影响到执行过程的与和解协议有关的申请或请求，让执行机关裁量决定是否暂停执行过程并无不妥。

工作组最终决定，《新加坡调解公约》以《纽约公约》第 6 条为基础，规定在就和解协议申请司法程序或仲裁程序的情况下，执行机关若认为适当，可在司法程序未结束前推迟就执行事宜做出裁定，或者在和解协议被主管法院认定无效的情况下拒绝予以执行。同时，该条允许执行机关应一方当事人的请求要求另一方提供担保。

针对公约与其他救济途径的关系问题（例如，在当事人决定根据合同法或以其他任何方式而非根据公约执行和解协议时，如何处理公约与合同法的关系问题），工作组认为，公约应尊重各国合同法等国内法的规定，也尊重当事人选择适用合同法及其他救济途径而非适用公约执行其和解协议。因此，公约不涉及国内法规中处理的程序方面，只是引入一种执行国际和解协议的机制。同时，公约不应剥夺当事人在适用的合同法之下可能享有的任何合同规定的救济。

第 7 条其他法律或者条约

公约第 7 条规定：

"本公约不应剥夺任何利害关系人可依寻求依赖和解协议所在公约当事方的法律或者条约所许可的方式，在其许可限度内，援用该和解协议的任何权利。"

《新加坡调解公约》第 7 条参照了《纽约公约》第 7 条，核心目的在于允许当事人适用对执行更有利的国内法规。工作组认为，根据本条规定，被公约第 1 条第 2 款和第 3 款排除在适用范围之外的和解协议不适用于本公约。但是，各公约当事方仍可灵活颁布相关国内立法，将此种和解协议包括在其范围之内。

第 8 条保留

公约第 8 条规定：

"1. 公约当事方可声明：

（a）对于其为一方当事人的和解协议，或者对于任何政府机构或者代表政府机构行事的任何人为一方当事人的和解协议，在声明规定的限度内，本公约不适用；

（b）本公约适用，唯需和解协议当事人已同意适用本公约。

2. 除本条明确授权的保留外，不允许做出任何保留。

3. 公约当事方可随时做出保留。在签署时做出的保留，必须在批准、接受或者核准时加以确认。此类保留应在本公约对有关公约当事方生效时同时生效。批准、接受或者核准本公约或者加入本公约时做出的保留，或者在根据第 13 条做出声明时做出的保留，应在本公约对公约有关当事方生效时同时生效。保留书在公约对公约该当事方生效后交存的，于交存日后六个月生效。

4. 保留书及其确认书应交存保存人。

5. 根据本公约做出保留的公约任何当事方可随时撤回保留。此种撤回书应交存保存人，并应于交存后六个月生效。"

《新加坡调解公约》第 8 条对保留做出了规定。公约仅允许缔约国做出如下两类保留：第一，缔约国可声明涉及该国或该国政府实体的和解协议不适用公约；第二，缔约国可声明当事人可否对适用公约做出选择。另外，公约规定，除以上两类保留外，不允许缔约国做出任何其他保留（例如互惠保留）。

在中国签署公约前，有观点认为公约没有设置互惠保留，将导致非公约缔约国的当事人得以援引和解协议在中国申请执行，但中国当事人却无法在非缔约国援引并申请执行和解协议，这样会使部分国家"利用"中国司法程序，从中受益。

对于互惠保留问题，《纽约公约》第 1 条第 3 款赋予了缔约国做出互惠保留的权力。中国在 1986 年加入《纽约公约》时也做出了互惠保留，即中国"只在互惠的基础上对在另一缔约国领土内做出的仲裁裁决的承认和执行适用该公约"。但是，由于《新加坡调解公约》没有引入类似"仲裁地"的"和解地"的概念，也未赋予和解协议籍属（nationality，即属哪个国家的调解）。因此，在公约项下，不存在缔约国或非缔约国的和解协议，客观上也就无法做出互惠的安排。可以说，《新加坡调解公约》的目的是建立一个普惠的机制。同时，互惠保留在实质上也并不必然带来互惠的效果。例如，营业地在中国的A公司和营业地在某非缔约国的B公司经调解签订了和解协议。现A公司希望在中国申请执行该和解协议。若存在互惠保留，反而可能导致A公司无法成功在中国寻求救济。

对于"和解协议当事人已同意适用本公约"这一保留事项，在公约制定过程中，工作组曾就"选择适用机制"（opt in）和"选择不适用机制"（opt out）草拟过两个版本。"选择适用机制"即要求当事人明确同意适用公约；"选择不适用机制"即规定当事人可以排除公约的适用。在工作组第六十六届会议上，工作组就本保留事项拟定了两种案文："[Option 1: It shall apply this Convention only to the extent that the parties to the settlement agreement have agreed to the application of the Convention.] [Option 2: It shall apply this Convention unless the parties to the settlement agreement have agreed to exclude the application of the Convention.] [选项1：其应适用本公约，唯需以和解协议当事人已商定适用本公约为限。] [选项2：其应适用本公约，除非和解协议当事人已商定排除适用本公约。]"就这两种案文，各国代表也发表了不同观点。墨西哥代表支持第二种案文（即opt out），认为当事人谈判可能持续时间长，这个时候他们已经没有多余精力再讨论适用哪些条款。选择第二种案文可以减少他们的负担，他们只需排除某些条款的适用即可。除此之外，第二种案文会扩大公约被适用的可能性。为了促进本公约的适用，墨西哥代表建议选择第二种方案。阿根廷代表表示赞同。但英国代表赞同第一种案文（即opt in），认为正因为当事人可能谈判持续时间久，身体劳累，头脑不清醒，所以更应该让他们明确选择适用哪些条款，使其充分了解自己达成协议将要承担的后果。

工作组最终采取了第一种案文，即"选择适用机制"。自公约草案四稿起，该项的表述为"本公约适用，唯需和解协议当事人已同意适用本公约"。①

第二节　探析：中国批准《新加坡调解公约》时是否应做出保留声明

《新加坡调解公约》于2019年8月7日在新加坡举行了签署仪式，当日共有包括中国、美国、新加坡等46个国家签署了该公约。截至2019年9月30日，白俄罗斯做出了第一类保留，即声明涉及该国或该国政府实体的和解协议不适用《新加坡调解公约》。伊朗也做出了声明，表示其拟对公约第8条的两类保留事项均做出保留。伊朗将在批准公约时决定是否正式做出保留。除以上两国外，其他44个签署了公约的国家或地区尚未对保留事项做出正式表态。

一　第一类保留：商事保留

《新加坡调解公约》第8条第1款（a）项规定："对于其为一方当事人的和解协议，或者对于任何政府机构或者代表政府机构行事的任何人为一方当事人的和解协议，在声明规定的限度内，本公约不适用。"据此，以政府实体为解决商事争议而签订的和解协议，可以通过缔约国声明保留而不适用于本公约。

《纽约公约》也允许缔约国做出商事保留，有学者指出《纽约公约》的保留条款着眼于争议的商事性，而《新加坡调解公约》

---

① 注：由于其他条款为程序性事项，本书不赘述。

的保留条款则着眼于争议主体的商事性。[①]

我们认为，《纽约公约》与《新加坡调解公约》对待商事保留条款的差异主要是因在各自适用范围和除外事项的规定不同而导致。

表 2—1　　《纽约公约》与《新加坡调解公约》的差异

《纽约公约》	《新加坡调解公约》
适用范围	
第 1 条 1. 公断裁决，因自然人或法人间之<u>争议而产生</u>且在声请承认及执行地所在国以外之国家领土内作成者，其承认及执行适用本公约。本公约对于公断裁决经声请承认及执行地所在国认为非内国裁决者，亦适用之。	第 1 条　适用范围 1. 本公约适用于调解所产生的、当事人<u>为解决商事争议而以书面形式订立的协议</u>（'和解协议'），该协议在订立时由于以下原因而具有国际性……
除外事项	
第 1 条 3. ……任何国家亦得声明，该国唯于争议起于法律关系，<u>不论其为契约性质与否，而依提出声明国家之之国内法认为系属商事关系者</u>，始适用本公约。	第 1 条　适用范围 2. 本公约不适用于以下和解协议： （a）为解决其中一方当事人（消费者）为个人、家庭或者家居目的进行交易所产生的争议而订立的协议； （b）与家庭法、继承法或者就业法有关的协议。

通过表 2—1 可以看出，《纽约公约》在第 1 条第 1 款规定其适用范围时，措辞相对宽泛，并未将争议限定为商事争议。因此，在第 1 条第 3 款中允许缔约国声明仅在争议依据该国国内法被认为是商事争议的情况下，《纽约公约》方可适用。换言之，在《纽约公

[①] 温先涛：《〈新加坡公约〉与中国商事调解——与〈纽约公约〉〈选择法院协议公约〉相比较》，《中国法律评论》2019 年第 1 期。

约》下，如果缔约国未做出第 1 条第 3 款的商事保留声明，则当事人之间的其他争议（例如东道国与投资者之间的投资争议）也可适用《纽约公约》。

中国在加入《纽约公约》时依据第 1 条第 3 款做出了保留声明，即"只对根据中华人民共和国法律认定为属于契约性和非契约性商事法律关系所引起的争议适用《纽约公约》。"根据《最高人民法院关于执行我国加入的〈承认及执行外国仲裁裁决公约〉的通知》第 2 条的规定，所谓"契约性和非契约性商事法律关系"，具体是指由于合同、侵权或者根据有关法律规定而产生的经济上的权利义务关系，例如货物买卖、财产租赁、工程承包、加工承揽、技术转让、合资经营、合作经营、勘探开发自然资源、保险、信贷、劳务、代理、咨询服务和海上、民用航空、铁路、公路的客货运输以及产品责任、环境污染、海上事故和所有权争议等。因此，外国投资者与中国政府实体之间的投资争端，不适用《纽约公约》，投资仲裁裁决也无法通过适用《纽约公约》而得到承认与执行。①

中国在 1987 年加入《纽约公约》时做出商事保留，目的之一是排除涉及中国政府实体的投资争议之适用，这在当时具有现实意义。不过，随着近年来中国经济的飞速发展，中国不仅引入了大量外商投资，更成了对外投资大国。中国签订的新一代双边投资保护协定中普遍规定了仲裁条款，《纽约公约》下的商事保留的实际作用以及是否仍有必要，已有学者提出应进行详细评估。② 同时，在这些新一代双边投资保护协定中，已有部分允许将争议提交至 1965 年《华盛顿公约》下设解决投资争端国际中心（ICSID）以外的仲

①　高晓力：《中国法院承认和执行外国仲裁裁决的积极实践》，《法律适用》2018 年第 5 期。
②　温先涛：《〈新加坡公约〉与中国商事调解——与〈纽约公约〉〈选择法院协议公约〉相比较》，《中国法律评论》2019 年第 1 期。

裁庭或适用其他仲裁规则解决。例如，2007 年签订的《中华人民共和国政府和法兰西共和国政府关于相互促进和保护投资的协定》便允许将争议提交根据《联合国国际贸易法委员会仲裁规则》设立的专设仲裁庭解决；2008 年签订的《中华人民共和国政府和墨西哥合众国政府关于促进和相互保护投资的协定》第 13 条也规定："……三、争端投资者可以根据下列规则将诉求提交仲裁：……（三）联合国国际贸易法委员会仲裁规则；或（四）争端各方同意的任何其他仲裁规则……"因此，适用《华盛顿公约》以外的仲裁规则所做出的仲裁裁决如果未获自动履行，若由于商事保留的存在而无法适用《纽约公约》，中国如何通过国内法院解决其承认和执行问题，也需要进一步研究。①

　　反观《新加坡调解公约》，其制定的目的即为解决商事争议，其开篇即表明缔约国"认识到调解作为一种商事争议解决办法对于国际贸易的价值（recognizing the value for international trade of media-tion as a method for settling commercial disputes）……"。《新加坡调解公约》第 1 条则从正面和反面两个角度对适用范围做出了较为详细的规定。从正面看，《新加坡调解公约》第 1 条第 1 款明确公约适用于"调解所产生的、当事人为解决商事争议而以书面形式订立的协议"，这表明公约所适用的争议性质应为商事争议。从反面看，《新加坡调解公约》第 1 条第 2 款参照《法院选择协议公约》第 2 条的表述，明确排除了为个人、家庭或者家居目的进行交易所产生的争议以及与婚姻家庭法和就业法有关的争议而签订和解协议的适用。由于《新加坡调解公约》禁止缔约国对基础性条文的保留，因此缔约国签署并批准《新加坡调解公约》，即意味着其接受了第 1

---

① 高晓力：《中国法院承认和执行外国仲裁裁决的积极实践》，《法律适用》2018 年第 5 期。

条规定的适用范围。

　　因此，从争议性质的角度看，无论缔约国是否做出保留声明，《新加坡调解公约》只适用于"为解决商事争议"而签订的和解协议。这也就解释了为何《新加坡调解公约》的保留区别于《纽约公约》，针对的是和解协议的主体而非和解协议所涉及争议的性质。中国不做出第 8 条第 1 款（a）项的保留声明，根据《新加坡调解公约》的规定，因非商事争议而签订的和解协议也无法适用公约。因此，出于对争议性质是否属于商事争议的担忧而效仿《纽约公约》做出保留声明在《新加坡调解公约》下是没有实际意义的。与此相反，如果中国做出声明表示凡是当事人一方为中国政府或政府代表的和解协议均不适用《新加坡调解公约》，实际效果是排除了涉及中国政府实体的全部争议的适用可能，无论其性质是否为商事争议。这样会限制《新加坡调解公约》的适用，也可能限制中国政府实体在商事争议中向执行地主管机关申请执行和解协议或援用公约。

　　因此，我们建议中国在批准《新加坡调解公约》时不做出第 8 条第 1 款（a）项的保留声明。

二　第二类保留：特殊保留（当事人选择适用）

　　《新加坡调解公约》第 8 条第 1 款（b）项规定："本公约适用，唯需和解协议当事人已同意适用本公约。"

　　相比于《纽约公约》和《法院选择协议公约》，《新加坡调解公约》第 8 条第 1 款（b）项设置的是一个新型保留条款，即允许缔约国声明将和解协议是否适用本公约交由当事人明示[1]，且仅在和解协议当事人明确约定适用的情况下公约才适用。回顾中国过往

---

[1]　温先涛：《〈新加坡公约〉与中国商事调解——与〈纽约公约〉〈选择法院协议公约〉相比较》，《中国法律评论》2019 年第 1 期。

批准或加入的条约，做出保留声明的原因通常是为排除与中国法律制度相冲突的规定、排除中国暂时不能够或不愿意履行的规定或者为实行特别行政区制度等而提出的。① 中国在考虑是否做出第 8 条第 1 款（b）项的保留声明时也可从这几个角度进行分析。

就中国是否应对此做出保留声明，目前学界观点存在分歧。赞同做出保留的观点认为，由于和解协议是当事人意思自治的产物，如果当事人在和解协议中没有明确同意适用公约的，则不宜径行适用公约，避免和解协议各方的权利义务不平等。反对观点则认为，缔约国签署并批准或加入公约，公约则成为该缔约国的法律渊源，而不应根据当事人的选择来确定是否适用。

我们倾向于认为中国不做出此类特殊保留。首先，从第 8 条第 1 款（b）项涉及的保留内容看，其并不涉及中国法律制度和政策，也不属于中国暂时不能够或不愿意履行的义务。其次，从实际效果看，如果中国做出保留，则当事人的明确约定成了公约适用的前提，这一方面可能增加和解协议当事人谈判的负担，另一方面也不利于公约的推广和适用，同时可能导致公约是否适用存在不确定性。相反地，中国不做出第 8 条第 1 款（b）项保留声明，并不会限制或影响和解协议当事人的意思自治。如果当事人确实希望排除公约的适用，其可在和解协议中明确进行约定。

不过，中国做出"选择适用"的特殊保留声明也有一定道理。如部分学者观点认为，当事人在和解协议中选择适用《新加坡调解公约》，可以更加明确地体现其真实意思表示。公约起草过程中，英国代表曾提出："和解协议当事人可能谈判持续久，身体劳累，头脑不清醒，所以更应该让他们明确选择适用哪些条款，使其充分了解自己达成协议将要承担的后果"。因此，《新加坡调解公约》

---

① 赵建文：《中国的条约保留实践回顾与评价》，《政治与法律》2013 年第 9 期。

第8条第1款（b）项"选择适用"的保留机制在一定程度上可以更好地维护事人的意思自治。为了减轻因批准公约给国内相关部门可能带来的压力，中国可考虑在批准公约时做出第8条第1款（b）项的保留声明，待国内各方面条件成熟时，再取消此项保留。

综上，缔约国做出保留声明，目的是排除或更改条约对保留着适用时的法律效果，减轻或排除条约的义务。[①] 我们倾向于认为，《新加坡调解公约》下的两类保留对中国而言并没有明显实际价值，反而可能影响或限制中国当事人作为和解协议的一方适用公约。因此，我们倾向于建议中国在批准公约时，不做出保留声明。不过，考虑到"选择适用"保留机制具有一定合理性，且考虑到减轻因批准公约给国内相关部门可能带来的压力，为批准公约创造国内条件，中国在批准公约时，亦可以仅做出第8条第1款（b）项中的保留声明，即"本公约适用，唯需和解协议当事人已同意适用本公约"。待国内各方面条件成熟时，再取消此项保留。

---

① 王勇：《论现代条约保留的特征》，《法学杂志》2010年第10期。

第 三 章

中国批准《新加坡调解公约》之
利弊分析

批准《新加坡调解公约》对中国而言是利大于弊，还是弊大于利，是中国批准该公约前必须审慎评估的问题。

第一节　批准《新加坡调解公约》与
中国法院司法负担

若批准《新加坡调解公约》，中国法院将承担执行《新加坡调解公约》项下国际和解协议的义务。此项义务是该公约的宗旨所在，也是包括中国在内的任何公约成员国的核心承诺。这将给包括中国在内的所有公约成员国的涉外司法增添新的工作，即根据《新加坡调解公约》执行经调解达成的国际和解协议。然而，这是否会导致中国法院司法负担增加？这个问题应当从短期与长期两个角度来研究。

短期来看，中国批准《新加坡调解公约》即意味着，一方当事人在对方拒绝履行公约项下的国际和解协议时，可以申请中国法院强制执行涉案国际和解协议。然而，这并不会导致中国法院司法负担陡增，中国法院不会面临如潮水般涌入的国际和解协议的执行申请。原因在于：

第一，不同于诉讼与仲裁，经调解达成的和解协议，其实现乃完全基于当事人意思自治，故而在绝大多数国际调解案件中，当事人都能够主动履行了各方达成的和解协议，诉诸法院请求执行的案件并不常见。

第二，《新加坡调解公约》本身对符合执行条件的国际和解协议作了限制。公约项下的"国际性""商事性"等条件并非一般的和解协议能够轻易满足，况且公约还明确排除对涉及一系列纠纷类型的和解协议的适用，包括与消费者有关的和解协议以及与家庭法、继承法或者就业法有关的和解协议。

第三，以国际商事仲裁裁决每年在中国申请执行案件数量为参考，虽然每年中国法院都会受理一批《纽约公约》项下的国际商事仲裁裁决执行申请，但总体上讲，其数量仍停留在数十件的水平上。对于在对抗性程序机制中产生的仲裁裁决，当事人申请在中国强制执行的数量不过如此，完全可以预见，源自非对抗性合意机制的国际和解协议在中国申请执行的数量不可能会非常多。

长期来看，《新加坡调解公约》为国际和解协议所提供的执行保障将极大提升商界人士运用调解解决纠纷的热情，进而从整体上更加降低案件诉诸法院的可能。当前，国际仲裁费用日益增加而其效率反而因程序英美化日益降低；国际民商事诉讼因其属地性，特别是因为目前尚缺乏能与《纽约公约》并驾齐驱的全球性判决执行公约，一直以来其发展并无太大起色。因涉及各国司法主权等敏感问题，《选择法院协议公约》《外国法院判决承认与执行公约》等国际公约虽已生效或被多国签署，但远未成为大多数国家接受并实际执行的全球性公约。而商事调解则不同，调解本身的优点加上《新加坡调解公约》的加成作用，使其相对国际商事仲裁与国际民商事诉讼的优势日渐突出。

实际上，未来因国际商事调解的广泛运用，原本可能诉至中国法院的涉外诉讼案件与仲裁司法审查案件，都可能因当事人选择调解、达成和解协议、最终自主履行协议，从而根本无须诉诸法院。由此，完全可以期待的是，从长远来看，中国法院司法负担不仅不会上升，反而会因《新加坡调解公约》对商事调解的大力推促而大为下降。

当然，即便如此，部分人士仍可能对《新加坡调解公约》所确定的不同于其他争议解决结果的执行机制存有顾虑。有些人士可能认为，国际商事调解不存在国际商事仲裁中的"仲裁地"概念，缺乏"仲裁地"法院的司法审查机制，从而导致执行地法院面临较重的司法审查负担。这点看似成立，实则忽略了仲裁与调解的根本区别。在调解中，调解员所起的作用只是促成双方当事人达成这种合意，而不是像法官或仲裁员将其裁判结果一锤定音地强加于当事人。调解员缺乏法官或仲裁员所拥有的法律认可的裁判权，因此，调解表面上围绕调解员在转，实质上是由当事人自己主导。经调解达成的和解协议完全反映当事人解决纠纷的自主意志，为和解协议设置"调解地"法院司法审查机制，无异于人为破坏当事人意思自治的生态环境。即便当事人因这样或那样的原因，认为各方达成的和解协议不公平、不合理，由于和解协议本质上属于合同，故其享有诸多途径请求有关法院解除和解协议，从而使之不具效力，无法根据《新加坡调解公约》强制执行。最后，不论怎样，执行地法院对于任何申请其执行的国际和解协议都有权根据《新加坡调解公约》进行审查，由受理法院做出是否执行涉案国际和解协议的最终决定。

还有一些人士对《新加坡调解公约》的普惠执行机制表示担心。所谓普惠执行机制是指，根据《新加坡调解公约》，对于来自任何其他国家——无论是《新加坡调解公约》成员国还是非成员国的国际和解协议，只要满足该公约的要求，公约成员国都得承担执行的国际义务。应当说，这种担忧有一定道理。因为《新加坡调解公约》确立普惠执行机制，等于使公约成员国向全球各国开放国际和解协议执行的大门。源自非公约成员国的调解协议亦可以在公约成员国得到执行，反过来却又行不通。由此，便产生了公约当事国与非公约当事人在国际和解协议执行义务上的逆向不对等。如果中国批准《新加坡调解公约》，理论上，源自外国的和解协议只要符合《新加坡调解公约》的要求，都可向中国法院申请执行。这潜在上造成中国法院将面临较大执行压力的印象。然而，若仔细分析，这种担忧是肤浅的。一方面，从现实上讲，《新加坡调解公约》的普惠执行机制在许多情况下反而更有利于中国企业向本土法院申请执行来自非缔约国的对方当事人的在华财产。另一方面，和解协议反映的是双方当事人的合意，代表着调解所追求的公正价值，无论被执行人是中国人还是外国人，无论和解协议是源自公约成员国还是非公约成员国，中国法院都应当受理公约项下的国际和解协议的执行申请，不以涉案和解协议是否源自《新加坡调解公约》成员国为标准将源自非公约成员国的和解协议拒之门外。

第二节　批准《新加坡调解公约》与
中国商事调解市场

批准《新加坡调解公约》是否会导致外国商事调解机构冲击国内商事调解市场，是另一个值得评估的重要问题。

根据研究项目组调研所掌握的情况，批准《新加坡调解公约》不仅不会导致外国商事调解机构冲击国内商事调解市场，国内商事调解市场反而可能以《新加坡调解公约》获批准为契机在逐渐开放中迈向成熟，中国商事调解机构的国际化、专业化服务水平以及中国商事调解员的业务素质将会得到质的提升。

首先，商事调解作为法律服务市场的组成部分尚未完全对外开放。这与国内仲裁市场对外开放状况是一样的，正如目前外国仲裁机构仅可以在国内设立办事处招揽案源、无法直接在国内受理案件一样，外国商事调解机构也无法直接在华承接调解案件、开展调解业务。因此，批准《新加坡调解公约》并不会导致中外调解机构出现正面的业务冲突。当然，目前中国正采取积极措施，逐步开放包括商事调解在内的争议服务市场。但国内商事调解机构面临与外国商事调解机构正面市场竞争的压力，尚需时日，而这正是中国商事调解制度与商事调解机构对接国际标准、不断自我完善的重要"缓冲期"。

其次，外国商事调解机构进入中国开拓市场本身并非坏事，因为中国商事调解若要走向世界，成为《新加坡调解公约》项下的和解协议输出大国，还需多向外国先进的商事调解机构学习，主动引入诸如 JAMS、SIMC 等国际知名调解机构来中国境内承办商事调解业务。从这个角度讲，中国调解机构欢迎外国商事调解机构在国内开展调解活动，将先进的调解理念、调解文化、调解规则与案件管理经验带到中国来，从而带动国内商事调解机构专业素质与国际化水平的提升。实际上，在国际争议解决服务开放的道路上，中国已经迈出了坚实的步伐。2019 年 8 月，国务院印发《中国（上海）自由贸易试验区临港新片区总体方案》允许境外知名仲裁及争议解决机构经上海市人民政府司法行政部门登记并报国务院司法行政部门备案，在新片区内设立业务机构，就国际商事、海事、投资等领域发生的民商事争议开展仲裁业务。这项政策的出台受到了海内外人士的广泛关注。作为国际争议解决服务资源汇聚的中国城市，上海吸引了包括国际商会仲裁院、香港国际仲裁中心、新加坡国际仲裁中心以及韩国商事仲裁院等国际知名争议解决机构在上海自贸区设立代表处。未来，完全可以期待越来越多的国际争议解决服务机构，包括专门的国际商事调解机构，将进驻上海自贸区临港新片区，为中国商界提供优质的争议解决服务，为中国商事调解机构、调解员及其他相关人士提供宝贵的学习、借鉴与自我完善的机会。

最后，虽然当今商事调解法律规则日益趋同化、国际化，但任何调解活动都是在特定的地域与文化背景中开展的，因此，调解同时具有浓厚的文化、地域特色。虽然外国调解机构在国际化、专业化等方面走在中国商事调解机构的前面，但如果不了解中国企业纠纷解决心理偏好，不了解中国商事调解的市场需求特征，外国商事调解机构是很难打开中国商事调解市场的。因此，中国商事调解机构的本土优势无可撼动。《新加坡调解公约》的批准可为中外商事调解机构的合作提供重要契机。外国商事调解机构可借助中国商事调解机构逐步开拓中国商事调解市场，为中国企业提供优质的争议解决服务，而中国商事调解机构则可以借助外国商事调解机构在国际商事调解市场中开拓一片天地。因此，从长远看，批准《新加坡调解公约》将促进中外商事调解机构广泛、深入地交流，双方在良性竞争的背景下，将更好地服务中国商事调解市场。

当然，部分人士对外国调解机构乘《新加坡调解公约》之势涌入中国商事调解市场的担心并非空穴来风。因为中国调解文化虽然非常发达，但主要是公权力所主导的人民调解、行政调解或司法调解，私人主导的商事调解在中国一直并未发展起来，特别是国际上普遍践行的个人调解在中国的发展接近空白。因此，一方面，我们无须担心批准《新加坡调解公约》将导致国内商事调解市场遭到冲击，但另一方面，我们要主动顺应国际商事调解发展的滚滚大潮，完善商事调解制度，培育商事调解市场。为此，可从以下几个方面着手。

第一，鉴于立法所需周期长、冲击大的特点，中国商事调解制度的完善应当遵循司法解释先行，待司法解释所定下的规则在实践中成熟、稳定后，再推动商事调解立法的总体思路。就《新加坡调解公约》的批准而言，中国商事调解制度完善的当务之急是尽快确立国际和解协议的独立执行机制，使《新加坡调解公约》的实施在中国成功落地。这既关乎中国作为一个负责任的大国执行国际义务的口碑与形象，又关乎如何通过优化国际和解协议在中国的执行，从而带动国内商事和解协议执行机制的发展。由于目前国内和解协议的执行机制比较混乱，难以适用于《新加坡调解公约》项下的国际和解协议的执行，因此，需要单独为国际和解协议的执行制定一套规则。

第二，推动立法机关将商事调解立法提上日程，并借鉴《示范法》，制定与国际接轨的现代商事调解法。目前，中国已产生不少商事调解机构，而且各行各业涌现出一大批专门的商事调解机构，这些调解机构都备有调解规则，其内容与《示范法》差别不大。然而，机构调解规则并非法律，非机构调解同时需要法律层面的指引。通过制定一套统一适用于国内商事调解的法律规则，实质上能够为非机构调解（个人调解）的发展提供直接的程序指引，进而促进非机构调解的发展。而非机构调解得到了发展，整个商事调解市场才能活跃起来；市场的优胜劣汰机制才能催生出一批优秀的中国调解员，并让高质量的中国商事调解协议书借助《新加坡调解公约》走向全球。

第三，走商事调解市场化发展的道路。一方面，促进非机构调解发展，鼓励并支持专门从事调解的专业人士建立个人调解工作室；另一方面，完善调解机构法人治理模式，防止调解机构行政化、官僚化。目前，中国商事调解案件大多数来自法院，这与商事调解协议书的强制执行依附于法院的确认密切相关。为此，应通过司法解释逐步确立，无论是机构调解达成的商事和解协议书，还是非机构调解达成的商事和解协议书，一律都可以获得如国际和解协议一样的执行效力。其审查标准可严于国际和解协议，但其执行效力，应与国际和解协议一致。

第四，各调解机构应当适当放宽调解员名册准入条件，建立非强制名册制；加强对调解员的培训；提高调解员的收费标准。与此同时，国内各调解机构应加强合作，促进资源整合，并加强与世界顶级调解机构的交流，为中国调解员了解国际一流商事调解机构并学习先进商事调解技巧搭建平台。

随着"一带一路"建设的不断推进，越来越多的中国企业在海外从事贸易、投资等活动，无论是从维护与外国企业之间的友好商事关系上讲，还是从中国企业厌诉的纠纷解决文化心理上讲，商事调解都是极佳选择。《新加坡调解公约》旨在保障国际和解协议的全球可执行性，一旦该公约像《纽约公约》一样获得包括中国、美国在内的经济大国的批准，那么，该公约将可能大大激活中国商事调解的潜力，并促使越来越多的中国企业在国际商事交往中运用调解这一纠纷解决机制，同时也会推促中国完善商事调解制度，满足不断增长的国际调解需求，在全球调解市场上占据应有份额。作为全球第二大经济体的中国，在这一项广受全球商界瞩目的事业中，应主动完善本国的商事调解制度，为本国商事调解市场的腾飞创造机遇，为全球商事调解事业的发展提供强大动力。只有这样，才能因势利导，利用批准《新加坡调解公约》的契机，提升中国商事调解市场的规模与品质，提高中国商事调解制度的国际影响力。

第三节　批准《新加坡调解公约》与国有企业

在对外投资、贸易活动中，中国企业法律意识较为单薄，厌诉心理较重，遇到纠纷倾向于私下达成和解。特别是对于希望与对方保持长久商业合作关系的中国企业，和解结案比与对方"撕破脸"在仲裁庭或法庭"对簿公堂"更有吸引力。因此，中国批准《新加坡调解公约》有助于提升中国企业运用调解解决国际商事纠纷的能力。

但是，普遍存在的一大顾虑是，现行国有企业领导人责任追究制一定程度上制约了国有企业管理层选择通过调解解决纠纷的热情，担心一些国有企业领导为了避免自身承担因调解达成协议造成让步损失的管理责任，宁愿选择费用高、耗时长的司法诉讼、商事仲裁等由第三方裁决的方式解决纠纷，认为这样的方式可以逃避事后的决策失误引发的领导责任追究。研究项目组调研了一批具有代表性的大型国有企业，我们发现，尽管存在以上普遍情况，但亦不能一概而论。例如，基建领域的国有企业尤其倾向于通过调解的方式解决其与外方当事人之间的商事纠纷。这与基建领域资金投入大、往往涉及较长工期因而需要继续维持友好关系等因素密切相关。其他领域的国有企业，考虑到有必要与外方维持长远的合作关系，也都倾向于通过调解的方式解决中外当事人之间的纠纷。与此同时，部分国有企业因其内部责任制的问题，确实对运用调解解决商事解决存在一定顾虑。

不同于诉讼、仲裁，由调解所达成的和解协议完全建立在双方当事人互谅互让形成的合意的基础上。调解员所起的作用只是促成双方当事人达成这种合意，而不是像法官或仲裁员将其裁判结果一锤定音地强加于当事人。调解员缺乏法官或仲裁员所拥有的法律认可的裁判权，因此，调解表面上围绕调解员在转，实质上是由当事人自己主导。

在《新加坡调解公约》问世前，由调解达成的和解协议在全球层面并不存在统一、强制的执行机制。各国关于和解协议的执行机制不尽相同。有国家或地区将和解协议视为合同，其执行按合同纠纷起诉处理，这种执行机制在美国各州较为常见。以瑞士为代表的国家或地区允许将和解协议转化为仲裁裁决或法院判决，从而获得强制执行的效力。《瑞士民事诉讼法》第 217 条规定："当事人可以共同请求法院批准已经达成的和解协议。经批准的和解协议与具有法律约束力的裁判效力同等。"还有如印度等国家或地区通过立法直接赋予经调解达成的和解协议以强制执行力。印度 1996 年《仲裁与调解法》第 73 条规定"经当事人签字的和解协议是终局的，并对当事人和相关方具有约束力"；第 74 条规定"和解协议应视为具有与仲裁庭按照当事人和解协议的内容做出的仲裁裁决同等的效力"。《新加坡调解公约》的问世标志着全球统一、强制的和解协议执行机制正式形成。这意味着，任何一家希望通过调解解决国际商事纠纷的企业，在达成和解协议并在和解协议书上签字之前，都必须三思后行。因为和解协议的达成往往意味着双方都做出了较大让步。而这种让步是否符合企业内部程序、是否得到企业权力机构的批准，都牵涉到十分复杂的国有企业领导人责任追究问题。

2016 年 8 月，国务院办公厅发布了《关于建立国有企业违规经营投资责任追究制度的意见》（以下简称《意见》），旨在构建权责清晰、约束有效的经营投资责任体系，强调企业经营投资必须依法合规、违规必究。《意见》规定："对违反规定、未履行或未正确履行职责造成国有资产损失以及其他严重不良后果的国有企业经营管理有关人员，严格界定违规经营投资责任，严肃追究问责，实行重大决策终身责任追究制度。"

鉴于上述规定，在国有企业经营管理者责任制日益加强的当前，任何秉着"小心驶得万年船"的态度的企业经营管理者，都宁可通过诉讼、仲裁等途径与其他企业"对簿公堂"，也不轻易通过调解的方式解决与其他企业之间的纠纷。因为在诉讼与仲裁这两种纠纷解决机制下，虽然法官特别是仲裁员在很大程度上要尊重当事人意思自治，但裁判最终如何做出，都由法官或仲裁员决定，任何一方当事人都不可左右法官或仲裁员行使裁判权，即便法官或仲裁员判决涉案国有企业败诉，也与国有企业领导人个人无关，不存在所谓责任问题，尽管该企业本可通过调解，给予对方适当让步，从而最终获得一个比判决或裁决结果更好的结果。从这一点上看，在责任追究问题上，调解隐藏着比诉讼或仲裁更大的风险。无论是诉讼，还是仲裁，法官或仲裁员原则上都得依据法律判案，判决理由具有清晰的事实依据和严格的推理逻辑。而在调解中，双方妥协的达成，则必须考虑法律之外的各种因素，具有相当大的伸缩性和模糊性，对负责让步或妥协的企业经营管理者的责任追究空间非常大。

为消除国有企业管理层对运用调解解决纠纷的顾虑，我们建议，应当健全国有企业关于运用调解解决纠纷的免责机制。为此，可供参考以下应对思路。

第一，由国资委等国家部委牵头出台鼓励国有企业通过调解解决纠纷的实施意见，制定国有企业运用商事调解方式解决商事纠纷的规范，从制度上免除国有企业经营管理者成功运用调解解决纠纷的责任。

第二，建议对国有企业领导履职考评时将是否采用合理的争议解决方式作为评价指标之一。对合理的争议解决方式的判断，应当由外部律师进行评估。如果外部律师建议调解，那么，国有企业领导应当尊重此意见，其在自身权限范围内经调解达成和解协议，应当认定为依法履职。

第三，建立适当的第三方评估制度，提升国有企业参与调解的透明度，作为国有企业经营管理者运用调解解决纠纷免责的重要条件。应要求国有企业将相关商事纠纷提交第三方评估，根据评估结果开展相关调解工作，并作为向主管机关报告的法律依据。不论调解结果如何，负责参与调解的国有企业经营管理者应当如实且及时向企业的权力机构与监督机构汇报调解过程与结果。这一方面可以解除他人对其在调解中进行"暗箱操作"的质疑,另一方面则可以防止国有资产因个别国有企业负责人虚假调解行为而大量流失。

第四节　批准《新加坡调解公约》与虚假调解

近年,虚假调解、虚假诉讼、虚假仲裁等行为备受公众关注。其中,虚假调解是指当事人伪造证据或者恶意隐瞒相关事实,通过向法院起诉之后迅速达成调解的方式,骗取法院的调解文书,达到损害案外第三人利益的不法诉讼行为。简单来说,虚假调解就是利用调解之名,行虚假之实。由于经调解达成的和解协议完全是基于当事人意思自治的结果,双方当事人恶意串通的隐蔽性非常大,如果法院执行了经虚假调解达成的和解协议,严重损害不知情的案外第三人的利益,将既给司法公信力带来危害,也将有损调解这种有效的纠纷解决机制的正面形象。而当前,中国批准《新加坡调解公约》的一个顾虑是,这会不会导致中国法院频繁面临执行基于虚假调解达成的国际和解协议的申请?不同于国内背景下的虚假调解,对于国际背景下的虚假调解,中国法律往往鞭长莫及,面临较大的规制困境,因而这类虚假调解的作假成本低;有《新加坡调解公约》作为后盾,当事人却又容易达到作假目的。

在加入并实施《新加坡调解公约》前,对虚假调解的顾虑都只是理论上的假设而已。经验证明,即便虚假仲裁也存在并引起人们高度关注,也不妨碍世界上大多数国家加入《纽约公约》(截至2021年3月5日,《纽约公约》共有166个缔约方),不妨碍《纽约公约》成为史上最成功的全球商事公约之一。尽管如此,仍有必要对国际虚假调解做出一定的应对安排。

首先,应当确立案外人执行异议制度。对此,《民事诉讼法》

中的执行异议制度值得参考。《民事诉讼法》第 227 条规定："执行过程中，案外人对执行标的提出书面异议的，人民法院应当自收到书面异议之日起十五日内审查，理由成立的，裁定中止对该标的的执行；理由不成立的，裁定驳回……"同理，在国际和解协议的执行过程中，一旦案外人发现和解协议是通过虚假调解达成并损害其利益的，该案外人可以针对和解协议的执行标的提出执行异议，该异议须以书面形式做出。人民法院自收到异议之日起在法定时间内审查，理由成立的，裁定中止对执行标的的执行；理由不成立的，裁定驳回。与此同时，应当加强案外人执行异议制度外围配套机制的建设。比如，加强对潜在将被执行财产的评估，着重考察财产所牵涉的利益相关方，确保一旦利益相关方得到确定，在执行前尽快对其做出通知，给予其就即将被执行的财产陈述意见的机会。

其次，对于已经执行了的经虚假调解达成的国际和解协议，应当建立一套有效的补救机制。对此，《民事诉讼法》中的执行回转制度值得参考。该法第 233 条规定："执行完毕后，据以执行的判决、裁定和其他法律文书确有错误，被人民法院撤销的，对已被执行的财产，人民法院应当做出裁定，责令取得财产的人返还；拒不返还的，强制执行。"该条就是民事诉讼中的执行回转制度，其适用存在以下四项条件：第一，原执行依据正在执行或已经执行完毕；第二，执行依据被依法撤销或者变更；第三，人民法院应当做出执行回转裁定；第四，仅针对原申请执行人取得的财产。在建立国际和解协议的执行回转机制问题上，上述条件并非都能够适用于国际和解协议的执行回转。一是国际和解协议无法像国内民事诉讼判决、裁决和其他法律文书一样，可以被人民法院撤销。故此，对于国际和解协议的执行回转，不能以和解协议已被撤销为前提。二是如果取得财产的原申请执行人来自外国，而且在中国不存在财产，那么在虚假调解案件背景下，责令取得财产的人返还被执行的财产，难度非常大。在这种情况下，对于难以实施执行回转的国际和解协议的执行，可要求申请执行人提供执行担保，在财产执行后的一段时间内若未发现虚假调解等情形，可以解除担保。

再次，建议最高人民法院针对经调解达成的国际和解协议设立专门的执行审查程序，为其申请执行设置一系列必要的前置条件。具体而言，为进一步规范国际和解协议的执行，可要求来自国外的和解协议书出具经中国认可的正规公证机构予以公证的文书，并附上经公证的中文翻译；与此同时，可要求和解协议的执行申请人提供一份个人声明，明确表示，涉案和解协议不存在虚假调解等非法情形，否则愿为此承担相应后果。

又次，应当从执行层面为国际调解员识别虚假调解尽勤勉职责提供相应的激励机制或惩罚机制。正如优秀的法官和优秀的仲裁员具有识别虚假诉讼与虚假仲裁的专业能力一样，优秀的调解员同样具有识别虚假调解的专业能力。但是，如果缺乏相应的激励机制或惩罚机制，再优秀的国际调解员亦未必为此尽心尽力，毕竟拒绝一个调解案件——无论是基于虚假纠纷抑或真实纠纷——即意味着拒绝一份收入。然而，《新加坡调解公约》并不要求和解协议书必须署上调解员的名字，签名只是证明经调解达成的和解协议书存在的一种途径。换句话说，即便执行的是经虚假调解达成的和解协议，法院也可能不知道涉案虚假调解是由哪位调解员主持的。与此同时，还不排除调解员与当事人串通进行虚假调解，达成损害案外人的和解协议。鉴于此，虽然中国法院不能拒绝执行未经调解员签署的和解协议书，但可以要求申请执行人提供涉案调解员的姓名与基本资料，以供法院存档。对于曾经在虚假调解案件中担任调解员的人士，人民法院尤其应当对其调解达成的和解协议的执行保持警惕。对于与当事人串通进行虚假调解的调解员，如果来自国外，则应禁止其在中国境内执业。

最后，适时推动建立规制虚假调解的国际统一机制。对此，中国要事先做好充分的准备，首先，从宏观上推动中国商事调解与国际商事调解的普遍标准接轨，让中国商事调解深度融入全球国际商事调解实践中，进而加强中国在塑造国际商事调解文化与规则上的话语权。其次，在《新加坡调解公约》实施后的一段时期内，如果虚假调解数量大大增加，那么中国可以利用其在国际商事调解领域的话语权，推动《新加坡调解公约》成员国携手建立规制虚假调解的全球统一机制。

第五节　批准《新加坡调解公约》与香港特别行政区

当前，新加坡与中国香港是亚太地区最重要的国际商事争议解决中心。从历史发展角度看，在国际争议解决服务方面，新加坡一直落后于中国香港。然而，近年来，以新加坡国际仲裁中心（SIAC）与新加坡调解中心（SIMC）为代表的新加坡国际争议解决机构迅速崛起，备受全球瞩目。新加坡目前已经赶上甚至超越了传统上中国香港所独享的亚太地区国际商事争议解决中心的地位。两个城市在国际商事争议解决领域已经形成了高度的竞争关系。

另外，中国作为世界第二大经济体和全球最大的发展中国家，具有较强的国际号召力。某种意义上，中国是否批准《新加坡调解公约》将影响该公约在全球范围内实施的完整性。中国批准《新加坡调解公约》无疑将推动该公约走向成功，进而增强新加坡作为国际商事争议解决中心的影响力。然而，这并不会对中国香港建设亚太争议解决中心产生负面影响。中国香港作为全球著名的国际商事争议解决中心的传统地位，并非一朝一夕取得的。

近年来，香港特别行政区政府大力推促调解的发展。例如，

2012 年，香港成立了香港调解资历评审协会有限公司。2013 年，香港颁布了《调解条例》（*Hong Kong Mediation Ordinance 2013*），并出台了《调解实务指引》（*Hong Kong's Practice Direction*）。实践中，香港拥有一批专门从事商事调解的调解员，在国际商事调解市场上具有较高的竞争力和影响力，香港调解职业化水平已处于全球顶尖行列。香港和解中心罗伟雄会长曾指出："香港已是国际调解专业最先进的地区。一方面，香港和解中心是本港唯一参与贸法会会议的国际专业调解机构，而贸法会更在五十周年大会中，特别指出香港的调解专业经验及水平是亚洲地区仅有的，目前并没有其他可替代的机构。另一方面，香港特别行政区政府亦非常注重国际法律和争议解决服务的推广。作为亚太区域争议解决中心，香港已有很大优势，为"一带一路"沿线国家和地区、东盟国家等提供优质和高阶的国际争议解决服务以应付日益增加的需求。"有鉴于此，中国是否批准《新加坡调解公约》，并且明确该公约适用于港澳地区，不仅关系到香港作为传统国际争议解决中心的地位，更关系到每一位香港调解员的切身利益。

反过来讲，中国若不批准《新加坡调解公约》，则意味着包括香港在内的整个中国对国际和解协议的执行关上大门，不利于香港在国际商事争议领域的话语权建设，不利于香港作为全球重要争议解决中心的形象巩固；而批准《新加坡调解公约》，将不仅意味着包括香港在内的整个中国对国际商事调解的宽容和包纳，还意味着香港可以凭借自身成熟的商事调解制度在国际商事调解市场上大有作为，香港本土调解员能够以更加自信的姿态在国际商事调解市场上开拓业务。在当前时代背景下，这更有助于带动粤港澳大湾区调解市场的发展，促进粤港澳大湾区调解制度的完善，从而为整个中国的商事调解制度及实践的进步带来最可靠且可供复制的经验。

当然，香港作为中国的一个享有高度自治权的特别行政区，在参加国际组织、缔结国际条约等方面享有基本法授予的广泛的权利。《基本法》第151条规定："香港特别行政区可在经济、贸易、金融、航运、通讯、旅游、文化、体育等领域以'中国香港'的名义，单独地同世界各国、各地区及有关国际组织保持和发展关系，签订和履行有关协议。"《新加坡调解公约》作为一项商事性公约，应当属于该条以"中国香港"的名义单独签约的事项范围。不过，从现实角度讲，香港单独加入《新加坡调解公约》并无必要，因为目前中国已经加入该公约，如今只待批准，香港再单独加入该公约只会给中央政府与特区政府徒添麻烦。《基本法》第153条规定："中华人民共和国缔结的国际协议，中央人民政府可根据香港特别行政区的情况和需要，在征询香港特别行政区政府的意见后，决定是否适用于香港特别行政区……"据此，待《新加坡调解公约》批准后，经征询香港特别行政区政府的意见，中央政府即可决定是否让该公约同时适用于香港特别行政区，这在操作上更简捷、易行。

综上，批准《新加坡调解公约》只会为香港带来利好。真正的挑战是在批准《新加坡调解公约》这一问题上，应当如何避免该公约在今后司法实践中出现是否适用于香港或澳门的争议。若立法机关在批准《新加坡调解公约》时未明确公约对港澳的适用，未来司法实践对这一问题的回答则可能出现混乱，比如，此案法院认为该公约适用于香港，而彼案却又认为其不适用于香港。该类问题曾出现在中国签订的投资协定是否适用于港澳问题上。《新加坡调解公约》第13条第1款规定："公约一当事方拥有两个或者多个领土单位，各领土单位对本公约所涉事项适用不同法律制度的，可以在签署、批准、接受、核准或者加入时声明本公约延伸适用于本国的全部领土单位或者仅适用于其中一个或者数个领土单位，且可随时通过提出另一声明修正其所做的声明。"为此，建议立法机关在批准

《新加坡调解公约》时，明确该公约对香港与澳门地区的适用。只有从立法层面对此予以明确，才不会从一开始给司法混乱或困惑留下任何空间，才能避免在司法出现困惑或混乱之时请求立法机关临时介入阐明该公约对香港与澳门地区的适用。

第 四 章

《新加坡调解公约》与中国
法律制度的有效对接

自党的十八大以来，中国加速推进科学立法、严格执法、公正司法、全民守法，坚持依法治国、依法执政、依法行政共同推进，坚持法治国家、法治政府、法治社会一体建设，促进中国特色社会主义法治事业又好又快地发展。目前，中国加入《新加坡调解公约》能够对中国立法、行政和司法具有积极的影响。因此，中国应积极考虑批准《新加坡调解公约》。在签署后、批准前，最为重要的工作是应厘清并解决《新加坡调解公约》与中国调解法律制度的衔接问题。具体包括立法、司法、执法等层面。

第一节　中国现行调解法律制度与
《新加坡调解公约》的关联性

一　中国现行调解法律制度

（一）中国现有调解类型

目前中国的调解类型主要包括以下几类：人民调解、行政调解、临时调解、调解机构的调解、仲裁中的调解、联合调解与诉讼中的调解等;① 也有分为人民调解、行政调解、行业调解、商事调解、诉讼调解、律师调解等。② 然而,上述调解的分类并未满足周延性的要求。例如,律师调解本身也可能是行业调解、人民调解。

截至目前,中国共有 3 部现行有效的法律直接涉及调解,分别为《人民调解法》《农村土地承包经营纠纷调解仲裁法》《劳动争议调解仲裁法》;有 1 部行政法规,为《人民调解委员会组织调解》;有 46 件关于调解的司法解释;有近 90 件部委性规范文件。在法律法规体系民商事领域,中国形成了以《人民调解法》为重点,以商会调解、律师调解、人民法院民事调解等共同发展的局面。但是较为遗憾的是,中国并没有专门的解决涉外调解问题的法律法规或规范性文件。目前,仅有《最高人民法院关于中国公民申请承认外国法院和解权告决定书等法律文书的请示的复函》(〔2010〕民四他字第 56 号)。该复函认同韩国首尔家庭法院做出的离婚和解权告决定书,认为在当事人未提出异议的情况下,其具有与判决相同的法律效力。除外,并未发现中国关于涉外调解相关的法律法规或实践。

(二) 中国现有的调解法律制度

通过梳理,可发现中国现行调解法律制度如下。

1. 在现有的法律规范上,中国区分和解协议、调解协议和调解书等三种法律文书的法律地位

在中国语境下,和解协议是当事双方自行通过的协议;调解协议是经调解达成的调解协议,其具有法律约束力。该调解协议可以申请人民法院司法确认;调解书是人民法院在立案后

---

① 韩德培:《国际私法问题专论》,武汉大学出版社 2004 年版,第 480 页。

② 《最高人民法院 司法部关于开展律师调解试点工作的意见》 (司发通〔2017〕105号)。

进行调解达成协议，并由当事人申请人民法院出具的调解书。然而，在中国法律文件中，目前仍存在混淆使用调解协议、和解协议的情形，并且调解书概念也并未得到公约的认可。因此，建议中国理顺法律文本的和解协议、调解协议和调解书概念，并实现与公约的对接。

2. 中国明确调解案件的范围与类型

总体上，调解可以受理各类民商事纠纷，包括刑事附带民事纠纷的民事部分，但是婚姻关系、身份关系确认案件以及其他依案件性质不能进行调解的除外。① 人民法院民事调解规则指出，适用特别程序、督促程序、公示催告程序、破产还债程序的案件，婚姻关系、身份关系确认案件以及其他依案件性质不能进行调解的民事案件，人民法院不予调解。② 进一步的，人民法院不予受理司法确认申请的情形包括：不属于人民法院受理民事案件的范围或者不属于接受申请的人民法院管辖的；确认身份关系的；确认收养关系的；确认婚姻关系的。③

同时，调解协议若具有违反法律、行政法规强制性规定的；侵害国家利益、社会公共利益的；侵害案外人合法权益的；损害社会公序良俗的；内容不明确，无法确认的；其他不能进行司法确认的情形，人民法院不予确认调解协议效力。④ 在涉外层面，国外法院出具的法律文书若违反中国法律的基本原则或国家主权、安全、社

---

① 《最高人民法院 司法部关于开展律师调解试点工作的意见》（司发通〔2017〕105号）。

② 《最高人民法院关于人民法院民事调解工作若干问题的规定》（法释〔2008〕18号修正）。

③ 《最高人民法院关于人民调解协议司法确认程序的若干规定》（法释〔2011〕5号）第4条。

④ 《最高人民法院关于人民调解协议司法确认程序的若干规定》（法释〔2011〕5号）第7条。

会公共利益，人民法院不予承认。①

3. 中国民商事领域的调解规则呈碎片化现象，主要分为人民调解、商会调解、律师调解、人民法院民事调解等

《人民调解法》主要针对的是村民委员会人民调解委员会、居民委员会人民调解委员会。自 2011 年以来，中国则进一步加强行业性、专业性人民调解委员会的建设。其规定，行业性、专业性人民调解委员会由社会团体或者其他组织设立，由所在地的县级司法行政机关负责统计、培训等指导职责。② 其重点在于加强医疗卫生、道路交通、劳动争议、物业管理、环境保护等行业性、专业性人民调解组织建设。③ 在人民调解之外，中国还存在商会调解、律师调解等形式。例如，最高人民法院、全国工商联发布的《关于发挥商会调解优势 推进民营经济领域纠纷多元化解机制建设的意见》，其重点在于解决民营企业的各类民商事纠纷。④ 我国还存在行政调解，可能也会涉及商事争议，其特点在于引入公权力进行争议解决。⑤

4. 与发达国家相比，中国缺乏成型的商事调解规则及调解员队伍，更遑论国际商事调解

国际商事调解具有专业性、规范性和国际性等特点。国际商事调解员的资质条件和品行要求甚至高于仲裁员。然而，目前中国并没有针对商事调解的规则体系。即使与人民调解相比，中国民商事领域的商会调解、律师调解具有较高的门槛，然而商会调解、律师

---

① 《最高人民法院关于中国公民申请承认外国法院和解权告决定书等法律文书的请示的复函》（〔2010〕民四他字第 56 号）。

② 《司法部关于加强行业性专业性人民调解委员会建设的意见》（司发通〔2011〕93 号）。

③ 《司法部关于进一步加强行业性专业性人民调解工作的意见》（司发通〔2014〕109 号）。

④ 《关于发挥商会调解优势 推进民营经济领域纠纷多元化解机制建设的意见》（法〔2019〕11 号）。

⑤ 参见本书第三章。

调解尚缺乏体系化的规则以及一批专业化的人才队伍。①

5. 中国正在探索推进个人调解工作室的调解模式

个人调解工作室不同于个人调解，其是以人民调解员姓名或特有名称命名设立的调解组织。2018 年 11 月，司法部发布《关于推进个人调解工作室建设的指导意见》。在该指导意见中，其明确了设立个人调解工作室的条件，② 并要求个人调解工作室应当遵守《人民调解法》的各项规定，不得收取任何费用，制作的调解协议书加盖所属人民调解委员会的印章。③

6. 中国具有相对完善的国内诉调对接机制

当事人申请确认调解协议的，由主持调解的人民调解委员会所在地基层法院或者它派出的法庭管辖。④ 同时，由商会调解达成的调解协议，当事人可申请司法确认，人民法院应当及时审查，依法确认调解协议的效力。⑤ 在 2012 年的扩大诉讼与非诉讼相衔接的矛盾纠纷解决机制改革试点中，中国法院尝试建立诉调对接机制，包

---

① 例如，全国工商联将对外公布商会调解组织和调解员名册、调解程序以及调解规则，并制定调解员职业道德规范，参见《关于发挥商会调解优势 推进民营经济领域纠纷多元化解机制建设的意见》（法〔2019〕11 号）。又如，在律师调解中，律师调解组织由司法行政机关；律师协会会同人民法院共同指导和管理，动态更新律师调解组织和律师调解员名册；司法行政机关、律师协会会同人民法院完善律师调解员资质认证标准，明确选任和退出程序；参见《最高人民法院、司法部关于扩大律师调解试点工作的通知》（司发通〔2018〕143 号）。同时，我国行业协会也出台行业纠纷调解制度。例如，证券纠纷、工程造价纠纷等。

② 人民调解员具备以下条件的，可以申请设立个人调解工作室：具有较高的政治素质，为人公道正派，在群众中有较高威信；热心人民调解工作，有较为丰富的调解工作经验，调解成功率较高；具有一定的文化水平、政策水平和法律知识，形成有特点、有成效的调解方式方法；获得过县级以上党委政府、有关部门或司法行政机关表彰奖励。

③ 《司法部关于推进个人调解工作室建设的指导意见》，http：//www.gov.cn/xinwen/2018－11/28/content_5344132.htm。

④ 《最高人民法院关于人民调解协议司法确认程序的若干规定》（法释〔2011〕5 号）第 2 条。

⑤ 《关于发挥商会调解优势 推进民营经济领域纠纷多元化解机制建设的意见》 （法〔2019〕11 号）。

括建立特邀调解组织名册制度、调解员名册制度,① 赋予调解协议合同效力,② 并落实调解协议的司法确认制度。③ 必须明确的是,在司法确认中,经人民调解委员会调解达成协议的,当事人根据《人民调解法》第 33 条的规定共同向人民法院申请确认人民调解协议。经行政机关、商事调解组织、行业调解组织或者其他具有调解职能的组织调解达成的协议,当事人申请确认其效力,参照《最高人民法院关于人民调解协议司法确认程序的若干规定》办理。同时,若人民法院依法做出确认决定后,一方当事人拒绝履行或者未全部履行的,对方当事人可向做出确认决定的人民法院申请强制执行。④

7. 中国目前并没有针对涉外和解协议的国内承认与执行的法律规范

若外国法院出具的和解确认书等法律文件,根据中国民诉法及最高人民法院相关司法解释和答复意见中关于承认外国法院相关法律文书案件的有关规定精神,如外国法院出具的和解条书、决定、和解权告决定等法律文书不违反中国法律的基本原则或者国家主权、安全、社会公共利益,中国法院亦可予以承认。⑤

---

① 《最高人民法院关于扩大诉讼与非诉讼相衔接的矛盾纠纷解决机制改革试点总体方案》(法〔2012〕116 号)。

② 赋予调解协议合同效力。特邀调解组织或者特邀调解员主持调解达成协议后,当事人就调解协议的履行或者调解协议的内容发生争议的,一方当事人可以就调解协议问题向人民法院提起诉讼,人民法院按照合同纠纷进行审理。当事人一方以原纠纷向人民法院起诉,对方当事人以调解协议抗辩并提供调解协议书的,应当就调解协议的内容进行审理。

③ 落实调解协议的司法确认制度。经人民调解委员会调解达成协议的,当事人根据《中华人民共和国人民调解法》第三十三条的规定共同向人民法院申请确认人民调解协议的,人民法院应当依法受理。经行政机关、商事调解组织、行业调解组织或者其他具有调解职能的组织调解达成的协议,当事人申请确认其效力,参照《最高人民法院关于人民调解协议司法确认程序的若干规定》办理。

④ 《最高人民法院关于人民调解协议司法确认程序的若干规定》(法释〔2011〕5 号)第 9 条。

⑤ 《最高人民法院关于中国公民申请承认外国法院和解权告决定书等法律文书的请示的复函》(〔2010〕民四他字第 56 号)。

8. 中国在特殊地区可执行涉港澳台的和解协议

在前海、① 厦门②自贸区，法院可以承认执行涉港澳台的和解协议。换言之，在涉港澳涉台纠纷中，因调解达成的和解协议，中国法院可执行和解协议。除外，中国并没有关于其他涉外商事调解的法律规定。

（三）小结

由此可见，在国内商事调解中，中国采取与人民调解法不同的思维方式，主要是以商事调解组织、行业调解组织或者其他具有调解职能的组织调解为主，并形成具有合同效力的调解协议。该协议若属于可调解的范围，并不违背中国国家利益、案外人合法权益、社会公序良俗及法律、行政法规强制性规定，并具有内容部明确及其他不能进行司法确认情形下，人民法院可依法做出确认决定。如一方当事人拒绝履行或者未全部履行的，对方当事人可向做出确认决定的人民法院申请强制执行。

在国际商事调解领域，中国目前并无明确规定。换言之，其实际上不承认也不执行国外的和解协议。但是，若国外的和解协议转化为外国法院确认的法律文书，那么中国可按照《民事诉讼法》第266条等相关规定，以法院判决、裁定等的方式承认其效力。

二　《新加坡调解公约》对缔约方调解制度的要求

（一）公约所确定的调解类型

公约规定的和解协议的执行需要满足三要素：第一，依据调解（mediation）所产生；第二，达成和解协议（settlement agreement）；

---

① 包力：《前海法院成功调解 一起涉港合同纠纷》，《深圳商报》2018年6月1日。
② 汤瑜：《厦门创新涉台纠纷调解机制见成效》，《民主与法制时报》2018年11月12日。

第三，具有国际性（international）的协议。根据公约第1.2条和第1.3条的规定，公约只针对那些不可作为法院判决或仲裁裁决的国际商事和解协议。由此，国际商事和解协议主要包括临时调解、调解机构的调解、仲裁中未做出可执行协议的调解，以及诉讼中未做出可执行协议的调解。

《仲裁法》第49条规定："当事人申请仲裁后，可以自行和解。达成和解协议的，可以请求仲裁庭根据和解协议做出裁决书，也可以撤回仲裁申请。"《仲裁法》第51条规定："仲裁庭在做出裁决前，可以先行调解。当事人自愿调解的，仲裁庭应当调解。调解不成的，应当及时做出裁决。调解达成协议的，仲裁庭应当制作调解书或者根据协议的结果制作裁决书。调解书与裁决书具有同等法律效力。"仲裁法第65条规定："涉外经济贸易、运输和海事中发生的纠纷的仲裁，适用本章规定。本章没有规定的，适用本法其他有关规定。"

换言之，由于涉外章中并没有规定仲裁中的调解规则，那么涉外仲裁调解规则适用第51条。那么这就产生疑问，第51条所确定的"同等法律效力"如何解释？如果其解释为具有与裁决书同等的执行力，那么自然不应适用公约，而是应该适用《纽约公约》，但如果《纽约公约》对此类型的调解书不承认和执行，那么其能够适用公约。

综合而言，如表4—1，公约适用的调解至少六种情况。①

---

① 公约明确排除的调解事项为：第一，处理非商事的争议。例如，为解决一方当事人为个人、家庭或家居目的进行交易所产生的争议；与家庭法、继承法或就业法有关的争议。此处排除《人民调解法》相关的诸多民间争议类型。第二，经仲裁法或民诉法规定，经调解最终达成可执行的仲裁裁决或司法判决的法律文书。第三，未有调解人参与的当事双方的自我和解协议。

表4—1　　　《新加坡调解公约》与中国调解制度规定的类型

类　型	调解员	程　序	备　注
机构调解	调解机构、调解员进行调解	调解产生的和解协议	如中国贸促会调解中心、涉外民商事调解中心
仲裁调解	仲裁阶段进行调解	当事双方撤回仲裁申请，并达成和解协议	仲裁员可兼调解员，也可外聘调解员
诉讼调解	诉讼阶段进行调解	当事方撤诉，并达成和解协议	法官可兼任调解员，也可外聘调解员
人民调解	人民调解委员会进行调解	根据《人民调解法》，达成和解协议	/
个人调解	个人调解员进行调解	达成和解协议	中国尚未规定个人调解法律制度
行政调解	政府机关	达成和解协议	如基层人民法院、工商行政管理部门、婚姻登记机关等调解

（二）公约所确定的法律关系

作为友好的纠纷解决方式，调解对争议当事人"定分止争"具有重要作用。《新加坡调解公约》旨在创造一套国际商事和解协议的跨境执行机制。然而，公约并没有全面规定和解协议所应具有的要求、和解协议审查的标准、缔约方执行和解协议的程序等。

1. 国内法律制度需与公约衔接的事项

根据《新加坡调解公约》第3条规定，本公约缔约方应按照本国程序规则并根据本公约规定的条件执行和解协议。换言之，公约只规定了执行和解协议的条件，而将执行的程序留给缔约方进行规定。这就产生了公约与缔约方国内法律制度的衔接问题。具体衔接内容至少包括表4—2所列的事项。

表4—2　　　　《新加坡调解公约》规定的缔约方法律约束事项

事　　项	条　　款
执行和解协议的程序规则	《新加坡调解公约》 第 3 条第 1 款
当事人援用和解协议证明争端事项解决的程序规则	《新加坡调解公约》 第 3 条第 2 款
缔约方主管机构所接受的其他证明和解协议的证据类型	《新加坡调解公约》 第 4 条第 1 款
缔约方主管机构可要求提交核实本公约要求已得到遵守的必要文件	《新加坡调解公约》 第 4 条第 4 款
调解员或调解的准则	《新加坡调解公约》 第 5 条第 1 款
缔约方法律确定的无法以调解方式解决的争议事项	《新加坡调解公约》 第 5 条第 2 款
主管机构做出暂停决定的适当标准和程序	《新加坡调解公约》 第 6 条
是否对公约做出保留以及做何种保留	《新加坡调解公约》 第 8 条
是否将公约拓展至除大陆地区外的所有的法域	《新加坡调解公约》 第 13 条

2. 中国现行法律制度与公约冲突的事项

除公约规定的衔接内容外，中国现有调解法律制度还存在与公约相冲突的规定，其也需要在公约批准后、签署前进行解决。具体内容如下。

（1）中国尚未实施个人调解员制度

根据中国现有法律规范，民商事领域的调解包括人民调解和其他调解。其他调解主要包括商事调解、行业调解、律师调解等。在立法规定上，中国要求以组织调解为形式，并对调解员设置相对严格的资质规定。例如，律师参与商事调解应依托律师调解组织，并且由该组织负责制定律师调解员名册。

然而，公约不强制调解员的资质要求。同时，公约也不强制缔约方实施调解员许可制度。该公约仅将调解员严重违反调解准则或调解员未披露重大事项，作为拒绝准予和解协议救济的理由。在此层面上，公约不允许以调解员需要满足资质或许可作为认可国际和解协议有效的前提条件。

（2）调解作为独立救济的能力未得到充分认可

在中国实践中，调解主要在诉讼、仲裁等程序中被使用。同时，中国也积极提倡诉调对接、仲调对接的机制。换言之，中国倾向于将和解协议转化为法院判决、仲裁裁决进行执行。在此层面上，中国并不承认和解协议的直接执行效力。

公约规定，调解员应由无权对当事人强加解决方案的第三方承担。因此，在调解过程中，法官、仲裁员等均不应干预当事方的"意思自治"。举例而言，若从事调解工作，法官不能强制要求当事方达成和解，而仅能以第三人的身份参与调解。然而，中国调解传统倾向于选择权威人士进行斡旋，这并不完全符合公约所倡导的调解理念。

（3）中国缺乏国际和解协议的执行机制

根据中国现有法律规范，国内民商事和解协议能够申请法院确认效力。如一方当事人拒绝履行，对方当事人可向人民法院申请强制执行。本质上，通过诉调对接机制，中国国内商事和解协议在法院能够得到执行。

然而，在国际民商事调解领域，中国并未明确规定。最高人民法院答复意见指出，若国外的和解协议转化为外国法院确认的法律文书，那么中国可按照《民事诉讼法》规定，在不违反中国法律基本原则和主权安全等情况下，以法院判决、裁定等的方式承认其效力。除此之外，中国并不承认其他类型和解协议的效力。因此，国际和解协议在中国尚无法直接执行。

由此，在批准公约前，中国应在立法、司法、执法等层面解决上述衔接关切。

第二节　《新加坡调解公约》与中国
司法机构的对接

一　分"两步走"实现与公约的对接

根据公约第 3 条，缔约方应按照本国程序规则执行和解协议。当前，中国国际和解协议仍面临无法执行的困境。考虑到与公约对接需要，如长期不批准，对中国赢得国际话语权将产生不利影响。同时，考虑到中国商事调解立法工作的启动和完成需要较长的时间，因此建议采取"两步走"的方式，即，可考虑在已经进入立法程序中的《民事强制执行法》中设置专门条款，对执行国内外调解协议做出原则性规定，再通过发布司法解释方式解决执行国际和解协议程序规则，第二步，通过对商事调解专门立法的方式，实现中国法律制度与《新加坡调解公约》的衔接。

与当年中国先签署《纽约公约》承认和执行国际仲裁裁决而后制定《仲裁法》的情形不同，当前，中国社会主义市场经济已日臻成熟，社会主义法治建设取得重大进展，各级司法机关的司法能力和水平空前提高，在这一背景下，仍沿用"先国际、后国内"的做法，对于中国国内的商事调解机构是不公平的，也不利于中国自身商事调解市场的发展。鉴于此，尽管意识到国内、国际一并进行将会面临诸多困难，但研究项目组仍坚持建议，《新加坡调解公约》在中国落地过程中，应将公约规范的国际商事调解协议的执行与中国国内的商事调解协议执行问题一并考虑，以此为前提，为批准公约及中国的相关立法、司法做好各项法律准备。

二 《民事强制执行法》中增加相关的条款实现对接

我国拟定于 2020 年 6 月将《民事强制执行法（草案）》提请全国人民代表大会常务委员会审议。《民事强制执行法》旨在保障及时执行民事生效法律文书，公平保护当事人、利害关系人合法权益，规范民事强制执行行为，并维护社会经济秩序。

根据现有《民事强制执行法（草案）》（征求意见稿）包括"执行依据的范围"规定，其规定如下：

> "民事强制执行，依照下列执行依据进行：
>
> （一）人民法院做出的民事判决、调解书，民事裁定、决定、支付令，以及刑事附带民事判决、裁定、调解书；
>
> （二）人民法院做出的保全裁定、先予执行裁定；
>
> （三）国内仲裁机构做出的仲裁裁决、调解书；
>
> （四）国内公证机构做出的赋予强制执行效力的公证债权文书；
>
> （五）经人民法院裁定认可其效力的香港特别行政区、澳门特别行政区、台湾地区法院做出的判决，以及香港特别行政区、澳门特别行政区、台湾地区仲裁机构做出的仲裁裁决；
>
> （六）经人民法院裁定承认其效力的外国法院做出的判决，以及外国仲裁机构做出的仲裁裁决；
>
> （七）法律规定由人民法院强制执行的其他民事生效法律文书。"

针对《民事强制执行法》中增加相关的条款，目前存在两种观点：一种观点是国内民诉理论和实务界的主流观点，其认为依据《新加坡调解公约》申请的和解协议系"法律规定由人民法院强制执行的其他民事生效法律文书";另一种观点认为,应该在该条中专门增加独立的条款,即,"经人民法院准予执行的经调解的国际和解协议"。如果采取第一种观点,那么中国执行《新加坡调解公约》前,必须由专门的国内法(例如,民事诉讼法或调解相关的法律)规定,准予执行经调解的国际和解协议。这无疑产生了新的立法负担,并且也不利于尽快批准《新加坡调解公约》。

研究项目组认为,更为可行的方式是探索在《民事强制执行法》的执行依据中引入单独条款,增加"经人民法院准予执行的经调解的国际和解协议"类别,以此为司法解释的发布提供合法性。

三　以发布司法解释的方式实现对接

在批准《新加坡调解公约》后,中国最高司法部门可以发布司法解释,实现公约与中国司法制度的对接。

四　具体的司法执行机制

(一)审查的机构

实践中,申请中国主管机构提供救济的前提应该是被执行人或其财产所在地在中国境内。比照涉外仲裁裁决的承认与执行,因此,申请中国法院对国际和解协议提供救济,应由和解协议一方当事方提出。

基于此,对于当事人的申请建议由中国下列地点的中级人民法院受理:

1. 被执行人为自然人的,为其户籍所在地或者居所地;

2. 被执行人为法人的,为其主要办事机构所在地;

3. 被执行人在中国无住所、居所或者主要办事机构,但有财产在中国境内的,为其财产所在地。

（二）审查的内容

根据《新加坡调解公约》第 4 条第 4 款，中国司法机构可要求提交合适本公约要求得到遵守的必要文件及程序。根据公约，中国司法机构可进行审查的内容如下：

1. 根据第 1 条，申请的和解协议是否为《新加坡调解公约》所约束的国际商事和解协议，且是否满足书面形式的要求。

2. 根据第 4 条第 1 款，申请人是否出具

（1）由各方当事人签署的和解协议；

（2）显示和解协议产生于调解的证据，例如：（a）调解员在和解协议上的签名；（b）调解员签署的表明进行了调解的文件；（c）调解过程管理机构的证明；或者（d）在没有第（a）目、第（b）目或者第（c）目的情况下，可为主管机关接受的其他任何证据。

3. 根据第 4 条第 3 款，若和解协议不是以中文拟定的，中国可要求提供中文的和解协议译本。

4. 根据第 5 条第 1 款，申请人是否提交证据表明，

（1）和解协议一方当事人处于某种无行为能力状况；

（2）所寻求依赖的和解协议：（a）根据当事人有效约定的和解协议管辖法律，或者在没有就此指明任何法律的情况下，根据在第 4 条下寻求救济所在公约当事方主管机关认为应予适用的法律，无效、失效或者无法履行；（b）根据和解协议条款，不具约束力或者不是终局的；或者（c）随后被修改；

（3）和解协议中的义务：（a）已经履行；或者（b）不清楚或者无法理解；

（4）准予救济将有悖和解协议条款；

（5）调解员严重违反适用于调解员或者调解的准则，若非此种违反，该当事人本不会订立和解协议；

或者（6）调解员未向各方当事人披露可能对调解员公正性或

者独立性产生正当怀疑的情形，并且此种未予披露对一方当事人有实质性影响或者不当影响，若非此种未予披露，该当事人本不会订立和解协议。

5. 根据第 5 条第 2 款，准予救济将违反公约该当事方的公共政策；或者根据公约该当事方的法律，争议事项无法以调解方式解决。在该条款中，审查内容还包括是否存在侵害第三人利益。

总体上，如表 4—3 所示，一方面，中国司法机关可依照公约规定的事项，对和解协议本身是否清楚或者理解、当事人是否适格等进行程序审查；另一方面，中国司法机关应依据公约要求，对和解协议是否违反中国公共政策做出实体认定，并拒绝执行违反中国公共政策的和解协议。同时，若当事人提交相关证据，中国司法机关还应对调解员是否存在过错等问题进行审查。

表 4—3　　　　　　　司法机构审查和解协议的主要事项

类　　型	事　　项
主动性程序审查	和解协议是否满足国际性、商事性
	和解协议是否满足书面要求
	和解协议是否有调解员或调解机构证明
	和解协议是否提交中文译本
	和解协议是否符合申请程序要求
主动性实体审查	和解协议是否违背本地公共政策
	和解协议是否违背本地法律所规定的可调解事项
被动性审查	当事人是否有行为能力
	和解协议是否被准据法认定无效
	和解协议是否是终局的
	和解协议是否被修改
	义务是否已经履行
	义务是否是不清楚的
	准予救济是否和解协议
	调解程序是否违背调解及调解员准则
	调解员是否未披露重要信息

此外，中国也可比照《最高人民法院关于人民调解协议司法确认程序的若干规定》，做出如下规定，具有下列情形之一的，人民法院不予确认调解协议效力：

"（一）违反法律、行政法规强制性规定的；

（二）侵害国家利益、社会公共利益的；

（三）侵害案外人合法权益的；

（四）损害社会公序良俗的；

（五）内容不明确，无法确认的；

（六）其他不能进行司法确认的情形。"

（三）审查的程序

比照涉外仲裁，在审查程序上，可作如下规定：

中国有管辖权的人民法院接到一方当事人的申请后，应对申请救济的和解协议进行审查，如果认为不具有《新加坡调解公约》第5条所列的情形，应当准予救济。

如果认定具有第5条第2项所列的情形之一的，或者根据被执行人提供的证据证明具有第5条第1项所列的情形之一的，应当裁定拒绝准予救济。

（四）拒绝准予救济的报告制度

在制定涉外调解制度的前期阶段，由于相关业务部门对审查制度不够熟悉，建议比照涉外仲裁，引入拒绝准予救济的报告制度。具体如下：

凡一方当事人向人民法院申请对国际商事和解协议拒绝准予救济，如果人民法院经审查认为国际商事和解协议具有拒绝准予救济情形的，在做出拒绝准予救济裁定之前，须报请本辖区所属高级人民法院进行审查。

如果高级人民法院同意拒绝准予救济裁定，应将其审查意见报最高人民法院。待最高人民法院答复后，方可裁定拒绝准予救济裁定。

（五）执行的程序

在执行程序方面，国际和解协议的执行应采取"审查与执行分离"的模式。建议可先由人民法院的涉外庭或涉外部门进行形式审查，在符合公约要求并不违背我国基本法律、公共政策的情况下，可由执行部门进行强制执行。执行程序可依照《最高人民法院关于人民法院办理仲裁裁决执行案件若干问题的规定》（法释〔2018〕5 号）处理。

（六）并行申请

根据《新加坡调解公约》第 6 条，如果已经向法院、仲裁庭或者其他任何主管机关提出了与一项和解协议有关的申请或者请求，而该申请或者请求可能影响到根据第 4 条正在寻求的救济，寻求此种救济所在公约缔约方的主管机关可在其认为适当的情况下暂停做出决定，并可应一方当事人的请求下令另一方当事人提供适当担保。

此处规定了申请救济若存在未完结的并行程序，一方当事人可要求法院暂停执行。同时，法院可要求另一方当事人提供适当的担保。有鉴于此，中国司法机构可规定，如果已经向法院、仲裁庭或者其他任何主管机关提出了与一项和解协议有关的申请或者请求，而该申请或者请求可能影响到救济，中国司法机构可暂停做出决定，并可应一方当事人的请求下令另一方当事人提供适当担保。

（七）第三人异议机制

由于调解的保密性，经调解达成的和解协议可能会损害第三人的利益。有鉴于此，中国和解协议执行机制可增加第三人提起异议机制。第三人异议机制与民法的执行回转制度具有相关联，若第三人与执行的财产等有利害关系，法院等司法部门可以中止救济程序，或撤销原来的执行令，直到确认后才决定重启或终止救济程序。在新加坡调解制度中，若有理由相信披露调解信息对于阻止或降低对第三人受损的风险，那么相关人员可向该第三人披露调解信息。同时，在获得法院或仲裁庭许可下，相关人员可以基于执行经调解的和解协议的目的，向第三方披露调解信息。① 在申请法院将和解协议登记为法院决定时，法院可以和解协议为欺诈、无权代理、胁迫、强迫等理由拒绝做出决定。② 在此层面上，中国应在存在第三方利益受损威胁时，引入调解信息公开制度，并在第三方异议情形下，赋予法院调查取证的权利。同时，中国也可探索引入英国"禁诉令"制度。

五 与最高人民法院国际商事法庭的对接

2018 年 11 月 21 日，最高人民法院办公厅印发《最高人民法院国际商事法庭程序规则（试行）》《最高人民法院国际商事专家委员会工作规则（试行）》。《最高人民法院国际商事法庭程序规则（试行）》规定，当事人可同意由最高人民法院国际商事专家委员会成员进行审前调解。最高人民法院国际商事法庭首批聘任了 32 位国内外专家委员会委员，并将中国国际经济贸易仲裁委员会、上海国际经济贸易仲裁委员会、深圳国际仲裁院、北京仲裁委员会、中国海事仲裁委员会以及中国国际贸易促进委员会调解中心、上海经贸商事调解中心作为首批纳入"一站式"国际商事纠纷多元化解决机制的仲裁和调解机构。

《最高人民法院国际商事法庭程序规则（试行）》第 24 条规

---

① 2017 年《新加坡调解法》（Singapore Mediation Act 2017）第 9（2）条。
② 2017 年《新加坡调解法》（Singapore Mediation Act 2017）第 12 条。

定："经专家委员或者国际商事调解机构主持调解，当事人达成调解协议的，国际商事专家委员会办公室或者国际商事调解机构应在三个工作日内将调解协议及案件相关材料送交案件管理办公室，由国际商事法庭依法审查后制发调解书；当事人要求发给判决书的，国际商事法庭可以制发判决书。"①

此处的调解书根据中国法律能够在法院进行执行，其本身不属于《新加坡调解公约》适用范围。因此，中国现有的最高人民法院国际商事法庭程序规则仍未承认和解协议的独立效力。

根据《最高人民法院关于设立国际商事法庭若干问题的规定》，国际商事法庭受理下列案件：

> "（一）当事人依照民事诉讼法第三十四条的规定协议选择最高人民法院管辖且标的额为人民币 3 亿元以上的第一审国际商事案件；
>
> （二）高级人民法院对其所管辖的第一审国际商事案件，认为需要由最高人民法院审理并获准许的；
>
> （三）在全国有重大影响的第一审国际商事案件；
>
> （四）依照本规定第十四条申请仲裁保全、申请撤销或者执行国际商事仲裁裁决的；
>
> （五）最高人民法院认为应当由国际商事法庭审理的其他国际商事案件。"

若符合国际商事法庭受理要求，最高人民法院国际商事法庭专家委员会可进行审前调解，若审前调解达成的国际商事和解协议，为适用《新加坡调解公约》，建议《最高人民法院国际商事法庭程

---

① 中国法律法规混淆使用调解协议、和解协议概念，此处的调解协议应为"和解协议"。

序规则（试行）》第 24 条修改为："经专家委员或者国际商事调解机构主持调解，当事人达成和解协议的，国际商事专家委员会办公室或者国际商事调解机构应在三个工作日内将和解协议及案件相关材料送交案件管理办公室，可由专家委员或者国际商事调解机构出具和解协议，也可由国际商事法庭依法审查后制发调解书；当事人要求发给判决书的，国际商事法庭可以制发判决书。"

除此之外，我们建议，在批准《新加坡调解公约》前，可在自贸区、自贸港、大湾区等地区先行先试，对国际商事和解协议准予独立的司法救济。

第三节 《新加坡调解公约》与中国立法的衔接

虽然在短期内，中国可通过司法解释的方式实现与公约的对接，但是在中长期，为发展中国的商事调解市场并健全商事调解法律制度，中国应以立法的方式实现与公约的衔接。

一 《人民调解法》无法承担规范商事调解的任务

（一）《人民调解法》未明确是否适用于国际商事领域

《新加坡调解公约》针对的是具有国际性的商事调解。然而，中国目前立法层面仍不存在针对商事调解的立法规则。但是存在一些适用于调解的法律规范。具体如下，在中国立法体系下，中国仅有一部专门涉及调解的法律——《人民调解法》。根据《人民调解法》，其适用于"由人民调解委员会调解后达成的和解协议"。该法具有特定的实施主体，即人民调解委员会。根据该法第 8 条规定，村民委员会、居民委员会设立人民调解委员会。企业事业单位根据需要设立人民调解委员会。然而，《人民调解法》并没有规定，人民调解委员会是否可进行国际性争议的调解。

(二)《人民调解法》主要适用民事纠纷

实际上，人民调解是借鉴中国的历史传统实践，为解决民间纠纷而创造的法律制度。在实践中，人民调解广泛地运用于家庭、婚姻、继承等民事纠纷中。根据《新加坡调解公约》规定，其约束的对象为商事调解，并排除了诸如为解决一方当事人为个人、家庭或家居目的进行交易所产生的争议，以及与家庭法、继承法或就业法有关的争议。实际上，此处排除与《人民调解法》相关的众多民间争议类型。这也与中国并未区分民事调解和商事调解的困境相关。本质上，二者具有不同的目的与宗旨。

具体而言，商事调解因当事人平等协商基础较为扎实及其对效率诉求更为急切而要求调解主体尽量减少对当事人意思自治的干预并维护调解协议的外观效力，民事调解（尤其是针对现代型民事纠纷的调解）则因完全自由市场理论与经济理性人假设已被证明不完全甚至完全不符合现实生活而要求调解主体以及对调解协议进行司法审查的法官对消费者、劳动者等弱势一方当事人适当倾斜并贯彻实质正义优先原则。[①] 正如有学者指出，《人民调解法》在于规范人民调解的运用和发展，对商事调解的发展并无多大意义。[②]

因此，将商事调解原理或者民事调解原理混同将无法促进民事调解和商事调解行业的发展。

(三) 商事和解协议不具有直接可执行性

在中国现有的法律框架内，中国商事调解协议可通过借助法院调解程序、公证程序、督促程序转化为法院调解书、公证债权文书、支付令，也可通过新设的调解协议司法确认程序获得具备执行力的裁定书，

---

① 黄忠顺：《商事调解与民事调解的区分原理及其实现路径——基于 2012—2013 年中国商事调解研究文献的分析》，《北京仲裁》2014 年第 3 期。

② 廖永安、段明：《我国发展"一带一路"商事调解的机遇、挑战与路径选择》，《南华大学学报》（社会科学版）2018 年第 4 期。

还可以通过争讼程序获得确认调解协议有效并判令债权人履行调解协议确定给付义务的判决书。同时，中国商事调解协议还可以补充达成仲裁合意，并请求仲裁庭根据调解协议出具仲裁裁决书或仲裁调解书。由此，可实现中国商事调解协议在国内法的可执行性。

然而，在涉外层面，中国调解书的域外适用效力仍是不确定的。以仲调结合为例，虽然《纽约公约》规定了仲裁裁决的承认和执行机制，然而若调解当事方以调解和解协议转化为仲裁裁决，并因此向域外机构申请承认和执行，此仲裁裁决不一定具有可执行性。因为在很多国家，《纽约公约》是否可以适用于此类同意性裁决（consent awards）是悬而未决的。如果仲裁仅仅是当事方为了实现和解而进行，那么当事方之间所必要的"分歧"就不复存在，因此此类裁决将不是落入《纽约公约》第1.1条的范围。①

由于中国并未存在专门的商事调解规则。此类经调解达成的和解协议的执行力无法得到法院的有效保护。与其他国家相似，在中国现有法律制度下，经调解的国际商事和解协议仅仅具有合同属性。② 缺乏跨境给予调解的和解协议的法律效力，这是一些企业不愿使用调解的实质性障碍；为了达成协议，当事双方花费诸多时间和精力，然而如果其他当事方不能执行，那么寻求执行的企业实质上需要重新启动诉讼或仲裁。特别是很多争议是基于合同的违反，如果成功的调解仅仅产生另一个合同，其执行仍需要通过惯常的合同诉讼，那么调解将是没有吸引力的。③

---

① Edna Sussman, "The New York Convention Through a Mediation Prism", *Dispute Resolution Magazine*, Vol. 15, 2009, p. 10; Brette L. Steele, "Enforcing International Commercial Mediation Agreements as Arbitral Awards Under the New York Convention", 54 *UCLA Law Review*, Vol. 54, 2007, p. 1385.

② 目前，中国并无对国际商事和解协议属性的专门规定。

③ Timothy Schnabel, "The Singapore Convention on Mediation: A Framework for the Cross-Border Recognition and Enforcement of Mediated Settlements", *Pepperdine Dispute Resolution Law Journal*, Vol. 19, 2019, pp. 2 – 3.

正基于此,由于《人民调解法》无法适用于商事调解并且中国国际商事和解协议不具有直接可执行性,因此,在实践中,商事调解的和解协议无法得到全面执行。有鉴于此,中国应制定独立的商事调解法。

二 探索制定独立的商事调解法

(一)商事调解法的主要内容

由于《人民调解法》无法承担规范商事调解的任务,因此,中国应以探索制定独立的商事调解法作为路径,建立并发展中国商事法律制度体系。2002 年,贸法会发布《示范法》,并指出《示范法》将大大有助于各国加强关于利用现代调解或调停技巧的立法,及在目前尚不存在此类立法的情况下制定相关立法。《示范法》共有 14 条,但其更像是调解规则。例如,《示范法》中关于程序、证据等问题,应该由调解规则所决定,无须上升到法律层面。比照《仲裁法》《人民调解法》的立法内容,中国商事调解法主要应界定适用范围、可调解事项、调解协议效力、调解及调解员准则、管理机构与协会作用、责任条款等。如表 4—4 所示,根据《示范法》、《仲裁法》(2017 年修正)、《人民调解法》,建议中国商事调解法包括总则、管理机构与协会、调解员准则、调解准则、调解协议、附则等篇目。

表 4—4 　　　　　　　　　　 商事调解法建议篇目

《示范法》	《仲裁法》 (2017 年修正)	《人民调解法》	商事调解法 建议篇目
适用范围和定义	总则	总则	总则
解释	仲裁委员会与仲裁协会	人民调解委员会	管理机构与协会

续表

《示范法》	《仲裁法》 (2017 年修正)	《人民调解法》	商事调解法 建议篇目
经由协议的变更	仲裁协议	人民调解员	调解员准则
调解程序的开始、进行、终止	仲裁程序	调解程序	调解准则
调解人的人数和指定、调解人与当事人关系、调解人担任仲裁员	申请撤销裁决	调解协议	调解协议
披露信息、保密	执行	附则	附则
证据在其他程序中的可采信	涉外仲裁的特别规定	/	/
诉诸仲裁程序或司法程序	附则	/	/
和解协议的可执行性	/	/	/

(二) 国内调解与国际调解

《新加坡调解公约》只涉及国际商事调解，其并不适用于国内调解制度。国内的和国际的和解协议可能不在承认和执行阶段做出不同的待遇，进而进行不同的分析方式，但是工作组因此采取了务实的决定，将公约的范围限定在国际层面的和解协议上，进而使得国家无需对现有的解决纯粹国内和解协议的法律做出重大变化，而加入公约。[①] 然而，在国内法层面，国家也可以选择其希望的相同的标准对待国内和解协议。

经调解的和解协议是否是国际性的，依赖于当事方的身份。在多数案件中，该要求在当事方的营业地在不同的国家而得到满足。如果两个当事方在一个国家具有营业地，若该国家与调解和解协议

---

① Timothy Schnabel，"The Singapore Convention on Mediation：A Framework for the Cross-Border Recognition and Enforcement of Mediated Settlements"，*Pepperdine Dispute Resolution Law Journal*，Vol. 19，2019，p. 20.

义务履行的国家或者是调解和解协议相关事项最有密切联系的国家是不同的，那么该协议也具有国际性。如果当事方具有多个营业地，那么基于公约目的的相关国家就是与和解协议解决最密切联系的国家，其需要考虑在调解和解协议达成时当事方所知晓或最为其所知晓的情形。该路径是基于《联合国销售合同公约》的相同方式。如果当事方没有营业地，那么相关的国家就是当事方的居住地，虽然该规则实际上不大可能，因为公约限定在商业的争议。①

因此，建议中国国际商事调解规则适用于具有国际性的商事和解协议。根据《新加坡调解公约》，国际性认定如下：

"（a）和解协议至少有两方当事人在不同国家设有营业地；或者

（b）和解协议各方当事人设有营业地的国家不是：（i）和解协议所规定的相当一部分义务履行地所在国；或者（ii）与和解协议所涉事项关系最密切的国家。"

由于中国尚未建立商事调解制度，因此，建议中国按照"分步走"的方式建立并完善中国商事调解制度。在现阶段，中国应区分国内调解和国际调解。由于国际调解要求语言能力，甚至还涉及法定拒绝救济理由的审查，其无法与国内调解混为一谈。进一步地，其具有较高的专业性。同时，由于《新加坡调解公约》仅针对国际调解，实际上，中国国内调解制度可以采取严于或宽于国际调解的标准。在长期，中国应探索以相同方式对待国内调解协议和国际调解协议的执行问题。

---

① Timothy Schnabel, "The Singapore Convention on Mediation: A Framework for the Cross-Border Recognition and Enforcement of Mediated Settlements", *Pepperdine Dispute Resolution Law Journal*, Vol. 19, 2019, p. 20.

（三）可调解事项

根据《新加坡调解公约》第 5 条第 2 款要求，缔约方法律可以确定无法以调解方式解决的争议事项。该公约本身排除了基于个人、家庭或家居目的进行交易，以及家庭法、继承法或就业法相关的争议事项。换言之，其主要针对商事领域。在中国国内法律层面，除了婚姻关系、身份关系确认案件以及其他依案件性质不能进行调解的，调解可以受理各类民商事纠纷。

实际上，国内调解的范围将比公约所确定的国际商事调解更为宽泛。为了避免混淆，在区分国内调解和国际调解的基础上，可参照《纽约公约》对商事调解进行定义。在加入《纽约公约》时，中国做了商事保留声明。"商事保留"是指中国只承认和执行属于契约和非契约性商事法律关系争议做出的仲裁裁决。[1]

根据最高人民法院《关于执行我国加入的〈承认及执行外国仲裁裁决公约〉的通知》，所谓"契约性和非契约性商事法律关系"，具体的是指由于合同、侵权或者根据有关法律规定而产生的经济上的权利义务关系。[2] 鉴于上述商事定义在中国受到认可，中国可在商事调解法中明确可进行调解的事项为："契约和非契约性商事法律关系争议。即，由于合同、侵权或者根据有关法律规定而产生的经济上的权利义务关系，例如货物买卖、财产租赁、工程承包、加工承揽、技术转让、合资经营、合作经营、勘探开发自然资源、保险、信贷、劳务、代理、咨询服务和海上、民用航空、铁路、公路的客货运输以及产品责任、环境污染、海上事故和所有权争议等，但不包括外国投资者与东道国政府之间的争端。"

---

[1] 韩德培：《国际私法新论》，武汉大学出版社 1997 年版，第 789 页。

[2] 《最高人民法院关于执行我国加入的〈承认及执行外国仲裁裁决公约〉的通知》，法（经）发〔1987〕5 号。

（四）个人调解的效力

《新加坡调解公约》并未区分机构调解和个人调解。换言之，个人调解与机构调解具有相同的效力和可执行性。实践中，当事双方能够自愿地达成和解，或者其能够旨在调解但最终自愿地达成协议，其中，调解管理机构的参与并未有过多的相关性。因此，该公约唯一的要求就是当事方试图在缺乏强制解决方案权力的第三方的帮助下，达成友好的和解协议。① 由此，《新加坡调解公约》并不区分机构调解与个人调解。

与中国对临时仲裁的顾虑不同，② 调解的最终达成依赖于当事人的意思自治。调解员的功能在于帮助当事双方达成和解的协议，而其没有做出裁决或决定的权力。因此，在实践中，当事方可能选择那些与其一方或双方有关联的人，正如在此种情况下，调解员必须处于最好的位置，帮助他们进行和解，只要双方知晓该情形。因此，机构对调解员的约束机制无须与仲裁员或法官一样严格。

进一步的，《新加坡调解公约》所针对的国际调解并不具有国内属性。《新加坡调解公约》一个重要的特征是其并没有尝试引入"调解地"的概念。理论上，经调解的和解协议并不具有"国籍"属性。在此层面上，没有国家能够撤销和解协议。因此，调解和解协议本质上是无国界的文件，其一般不能受到国内法要求的约束，除非公约允许国家适用国内概念和程序，当其寻求救济的时候（例

---

① Timothy Schnabel，"The Singapore Convention on Mediation: A Framework for the Cross-Border Recognition and Enforcement of Mediated Settlements"，*Pepperdine Dispute Resolution Law Journal*，Vol. 19，2019，p. 16.

② 中国国内尚未在立法上承认临时仲裁的效力。然而，根据最高人民法院发布《关于为自由贸易试验区建设提供司法保障的意见》第9条规定，注册于中国自由贸易试验区的当事人相互之间可以约定将其争议在中国"内地特定地点、按照特定仲裁规则、由特定人员"通过仲裁解决。

如，管理救济申请的程序规则，以及第 5.2 条规定的拒绝救济理由）。①

由此，即使中国规定禁止个人调解，然而中国国内法无法对适用于《新加坡调解公约》的国际和解协议进行约束，除非一方当事人申请中国法院进行救济。换言之，此当事人可以依据在中国经个人调解的和解协议到其他国家法院寻求救济，在此层面上，中国无法禁止在国外的经个人调解的和解协议在中国申请救济的情形。

因此，更好的方法是承认并创建个人调解制度，并通过对个人调解员的权利和义务进行约束。例如，《新加坡调解公约》第 5.1 (e) 和 (f) 条规定，若"调解员严重违反适用于调解员或调解的准则，若非此种违反，该当事人本不会订立和解协议"，或者"调解员未向各方当事人披露可能对调解员公正性或独立性产生正当怀疑的情形，并且此种未予披露对一方当事人有实质性影响或不当影响，若非此种未予披露，该当事人本不会订立和解协议"，法院可拒绝准予救济。

在此层面上，中国可通过建立对调解员或调解的准则，实现对个人调解员及调解程序的约束。在实际操作层面，对机构调解而言，中国可要求经调解达成的和解协议由机构证明其真实性与合法性；对个人调解而言，中国可要求个人调解所达成的和解协议应有调解员签名，并应进行认证程序。即，要求当事方进行公证认证并做出真实性与合法性的申明。②

（五）调解及调解员准则

根据公约第 5 条第 1 款规定，缔约方可制定适用于调解及调解

---

① Timothy Schnabel, "The Singapore Convention on Mediation: A Framework for the Cross-Border Recognition and Enforcement of Mediated Settlements", *Pepperdine Dispute Resolution Law Journal*, Vol. 19, 2019, pp. 21 – 22.

② 可参考奥地利的做法。

员的准则。

根据绝大多数关于调解员的要求,① 归纳而言,调解员一般应具有公正性、独立性,并具有经贸、法律、建筑、心理学等专业知识。调解能否获得成功的关键在于调解员。调解的成败与否更多取决于调解员的专业素质、沟通技巧、调解经验积累乃至对当事各方心理状态的把握等多重因素。②

在调解前,调解员应向各方当事人披露可能对调解员公正性或独立性产生正当怀疑的情形。在实际情形中,影响调解员公正性与独立性的情形主要是调解员利用在调解过程中获得的信息意图谋取或已谋取个人利益、调解员将其个人利益置于当事人利益之上、调解员有明显的偏袒行为等。③

在调解过程中,当事人应在调解过程中诚信地为达成和解而努力,而调解员应尊重当事人的意愿,促使当事人充分磋商,并公平对待各方当事人。具体而言,其一,诚信参与是调解参与人应履行的义务。诚信参与是当事人在调解程序中应承担的义务。一方面,诚信参与要求当事人认真且诚实地参与调解的争议解决过程,对通过调解解决争议持有诚意,以免使调解的过程流于徒劳无益的形式。因此,一些国家和地区将"当事人应该在调解过程中诚信地为达成和解而做出努力"之类的要求写入文本。④ 另一方面,诚信参与也要求当事人不应以危害第三人利益的方式,或者以危害公共利

---

① 对于调解员行为规范的形式有四种:一是规定有法律拘束力的调解员行为规则,此种方式需要国家立法层面所推动;二是制定调解员行为规范的示范性准则,例如美国民间发起的《统一调解法》《模范调解员行为准则》;三是由调解机构制定调解员行为守则,例如美国仲裁协会国际争议解决中心制定了《调解员行为示范准则》;四是在调解机构调解规则文本中做出原则性规定。

② 张健:《仲裁中的调解与和解问题刍议》,《南都学坛》(人文社会科学学报)2017年第1期。

③ 朱楠:《商事调解原理与实务》,上海交通大学出版社2014年版,第111页。

④ 尹力:《国际商事调解法律问题研究》,武汉大学出版社2007年版,第95页。

益的形式，达成和解协议。① 其二，公正性是调解的底线。换言之，在主持调解的过程中，调解员要给所有参与者一个平等交流的平台，给予他们被聆听和关注的公平机会，以使当事人都尽可能对调解的过程及结果感到满意，或曰产生公正的感觉。②

由此，中国商事调解法应通过对调解员的公正性、独立性、专业性要求构建调解员准则条款，并要求所有参与人真诚地开展调解工作。

三　适时修改《民事诉讼法》

目前，中国并没有在法律制度中规定国际商事和解协议的执行机制。比照仲裁，仲裁执行机制规定在《民事诉讼法》《仲裁法》等法律法规中。有鉴于此，建议中国考虑在《民事诉讼法》中解决经调解的国际商事和解协议执行问题，并可在未来制定的商事调解法中专门设置"执行"章节。

（一）法官介入调解的方式

根据《新加坡调解公约》第3.1条，经调解的和解协议本身具有两方面的作用。一方面，其能够向法院申请执行；另一方面，其能够作为证据，证明该事项已经解决。在法律程序上，上述和解协议将可能产生与诉讼机制的对接。

根据《民事诉讼法》第93条规定，人民法院审理民事案件，根据当事人自愿的原则，在事实清楚的基础上，分清是非，进行调解。《民事诉讼法》第95条还规定，人民法院进行调解，可以邀请有关单位和个人协助。同时，《民事诉讼法》第96条规定，调解达成协议，必须双方自愿，不得强迫。那么，在诉讼过程中，其调解

---

① 调解协议可能危害第三方利益等。宋连斌：《从仲裁与调解相结合到单独调解》，《昆明理工大学学报》（社会科学版）2009年第11期。

② 王钢：《国际商事调解技巧研究》，中国民主法制出版社2014年版，第216—217页。

产生的和解协议是否能够适用《新加坡调解公约》?

有观点认为,《新加坡调解公约》的调解定义一般不包括法官从事调解员的情形,只要该法官同时也负责在后续诉讼程序中解决争议;该限制是为了避免法官对当事方施加调解的压力。然而,如果其他人,除了法官之外,在诉讼中进行调解,该调解的和解协议仍然是公约适用范围(除非该和解协议转化为判决)。① 然而,该观点并非准确。在实践中,如果法官并不以强权力要求当事方达成和解协议,而仅仅以第三人的方式进行调解,并尊重当事人的意思自治,那么法官调解本身也符合《新加坡调解公约》的要求,毕竟该公约并没有明文限制法官充当调解员的作用。

然而,例外在于:根据《民事诉讼法》第 97 条规定,调解达成协议,人民法院应当制作调解书。调解书经双方当事人签收后,即具有法律效力。那么,这就使得调解和解协议转化为与判决具有同等的法律执行力。在此层面上,经人民法院制作的调解书生效后,其无法再适用《新加坡调解公约》。按照现有的法律规定,当事人若试图援引《新加坡调解公约》,那么其在经法官调解后,应撤诉并在法官的调解下,签署调解和解协议。这不仅增加程序负担,无法满足商业纠纷解决的时效性要求,且不认可经法官调解的和解协议的效力。

因此,建议《民事诉讼法》第 97 条改为:"调解达成协议,人民法院可以制作调解书"。

(二)解决虚假调解问题

由于经调解的和解协议能够申请法院寻求救济,那么在实践中,可能存在当事双方采取虚假调解的方式,获取调解和解协议并

---

① Timothy Schnabel, "The Singapore Convention on Mediation: A Framework for the Cross-Border Recognition and Enforcement of Mediated Settlements", *Pepperdine Dispute Resolution Law Journal*, Vol. 19, 2019, p. 17.

请求法院进行执行。由于调解本身具有保密性，因此这使得虚假调解更难以被发现及规制。因此，在《民事诉讼法》中，应探索从立法、制度和体系等层面解决虚假调解的问题。

第一，在公约层面，虚假调解本身因妨碍国家司法秩序而违反当事方的公共政策。《新加坡调解公约》第 5.2（a）条规定公共政策例外。在第 5.2（a）条中，法院能够拒绝救济，如果授予救济将违背该国的公共政策。毫无疑问，此处的公共政策包括避免虚假调解关切，因为其已妨碍国家司法秩序。①

第二，在国内立法层面，《民事诉讼法》第 112 条规定，当事人之间恶意串通，企图通过诉讼、调解等方式侵害他人合法权益的，人民法院应当驳回其请求，并根据情节轻重予以罚款、拘留；构成犯罪的，依法追究刑事责任。实际上，若发现虚假调解的事实发生，情节严重时，人民法院可认定当事人行为构成妨害司法秩序，并适用《刑法》对虚假诉讼罪的处罚规定。

第三，在体制机制层面，中国可探索调解员的故意与重大过失责任机制。作为自治的争端解决机制，中国不应对调解制度施加过多的行政干预，然而中国可探寻通过调解员的故意与重大过失责任机制建设，督促调解员对调解持有谨慎的态度，并避免调解员成为虚假调解的帮手。

（三）增加"调解"章节

《民事诉讼法》第四篇"涉外民事诉讼程序的特别规定"中可增加"调解"章节。此规定主要目的为解决涉外调解中的执行、审查、救济等。根据《新加坡调解公约》，比照仲裁执行制度，建议规定如下。

---

① Timothy Schnabel, "The Singapore Convention on Mediation: A Framework for the Cross-Border Recognition and Enforcement of Mediated Settlements", *Pepperdine Dispute Resolution Law Journal*, Vol. 19, 2019, p. 54.

第一，经调解达成的涉外商事和解协议，当事人不得向人民法院起诉。一方当事人不履行和解协议的，对方当事人可以向被申请人住所地或者财产所在地的中级人民法院申请救济。

第二，经调解达成的涉外商事和解协议，被申请人提出证据证明仲裁裁决有下列情形之一的，经人民法院组成合议庭审查核实，可拒绝准予救济：

（a）和解协议一方当事人处于某种无行为能力状况；

（b）所寻求依赖的和解协议：（i）根据当事人有效约定的和解协议管辖法律，或者在没有就此指明任何法律的情况下，根据在第4条下寻求救济所在公约当事方主管机关认为应予适用的法律，无效、失效或者无法履行；（ii）根据和解协议条款，不具约束力或者不是终局的；或者（iii）随后被修改；

（c）和解协议中的义务：（i）已经履行；或者（ii）不清楚或者无法理解；

（d）准予救济将有悖和解协议条款；

（e）调解员严重违反适用于调解员或者调解的准则，若非此种违反，该当事人本不会订立和解协议；或者

（f）调解员未向各方当事人披露可能对调解员公正性或者独立性产生正当怀疑的情形，并且此种未予披露对一方当事人有实质性影响或者不当影响，若非此种未予披露，该当事人本不会订立和解协议。

第三，经调解达成的涉外商事和解协议，人民法院认定执行该裁决违背公共政策或争议事项无法以调解方式解决的，裁定拒绝准予救济。

四 与《仲裁法》的对接

在《仲裁法》规定中，我国法律应明确，在仲裁阶段，经调解

而达成的和解协议能够进行执行。在此层面上，在仲裁阶段达成的和解协议无须转化为仲裁裁决，也能够利用《新加坡调解公约》进行救济。建议修改《仲裁法》第七章"涉外仲裁的特定规定"，增加"经调解达成的国际商事和解协议可请求人民法院准予救济"。

第四节 《新加坡调解公约》与中国实务部门的对接

一 中国行业协会应建立调解员指导标准与诚信机制

根据《新加坡调解公约》，调解员无须获得许可。然而，拒绝救济理由并没有包括因为其不能够符合由公约所取代的国内法要求，和解协议是无效的。因此，国内法无法要求调解员具备资质条件，诸如要求调解员在特定国家获得许可，调解必须通过特定规则或特定机构所进行，或者是调解和解协议必须经过公证或满足其他（超公约）的形式要求。当然，该形式要求并没有阻碍国家执行关于不动产转移方面的文件公证等要求。①

因此，对调解员的约束仅能通过调解员准则及诚信机制而实现。在此层面上，行业协会应该发挥更大的作用，尽快建立调解员指导标准，并构建调解员诚信机制建设。在实践中，中国行业协会还应该探索对调解员培训的长效机制。

同时，中国可推动在贸法会内推出关于商事调解员的守则，也可和其他缔约方共同提出商事调解员的倡议。

---

① Timothy Schnabel, "The Singapore Convention on Mediation: A Framework for the Cross-Border Recognition and Enforcement of Mediated Settlements", *Pepperdine Dispute Resolution Law Journal*, Vol. 19, 2019.

二   中国调解规则应与《新加坡调解公约》进行对接

以《中国国际贸易促进委员会/中国国际商会调解中心调解规则（2012）》与《北京仲裁委员会调解中心调解规则》为例，中国调解规则主要包括以下重要内容：对"调解""调解员"等术语的界定；对调解的程序事项的规定；对调解的实体要求的规定；对调解与诉讼、仲裁等制度的衔接的规定。更为重要的，调解的和解协议需要满足形式要求。目前，中国调解规则主要是创造调解与诉讼、① 调解与仲裁之间②的衔接制度，缺乏对经调解的和解协议本身效力的认定。

因此，建议中国涉外调解规则中可增加关于利用公约执行的机制，具体如下：基于调解而形成的国际商事和解协议，在和解协议可以满足《新加坡调解公约》适用范围的情况下，当事方也可以根据公约的相关规定，申请和解协议的执行。

三   应打造中国商事调解研究的理论高地

实践的发展离不开理论的指导。中国商事调解制度的发展，特别是中国国际商事调解市场的发展，需要系统的、深入的、全面的理论研究以及需要一批享誉国内外的调解理论和实践工作者，并推出一批有理论深度的国际商事调解法律研究的专业著作和论文。为推进中国商事调解法律制度从无到有、从有到优，建议可由中国法学会或者中国社会科学院等牵头设立中国商事调解法研究会，或将现有的中国仲裁法学研究会更名为中国仲裁及调解法学研究会，增

---

① 例如，《中国国际贸易促进委员会/中国国际商会调解中心调解规则（2012）》第 26 条、第 27 条。

② 例如，《中国国际贸易促进委员会/中国国际商会调解中心调解规则（2012）》第 28 条，《北京仲裁委员会调解中心调解规则》第 23 条。

加商事调解法学的研究内容和领域，以此打造中国商事调解法律制度研究的理论阵地。

四 提高中国国有企业对调解的利用率

加入《新加坡调解公约》后，中国对调解的利用率可能不高。实践中，中国涉外企业相当一部分为国有企业。国有企业面临绩效考核和责任承担之间的矛盾。一般而言，国有企业是避免打官司的，一打官司就意味着生意不再继续。因此，在纠纷解决过程中，商务环节、业务部门将率先解决纠纷，如果解决不了，那么将由律师部门做出决定。因此，商事调解是前置阶段。然而，调解面临不确定性。例如在调解中，国有企业到底是妥协于 500 万元还是 600 万元并没有统一的标准，因此，若是领导或是领导班子成员不同意，那么将无法选择调解解决纠纷。另外，诉讼、仲裁等过程的费用和成本是极其昂贵的。但现有很多纠纷解决都不选择香港等近距离争端解决中心，而是选择伦敦、新加坡等地。

因此，调解与国有企业内部文化仍有冲突。如果要给国有企业配套相关制度，就要给国有企业松绑。调解若能达成并降低成本，对企业业绩是利好。因此，国有企业选择诉讼、仲裁、调解并非是上述机制的差异问题，而是对国有企业的责任追究机制问题。

第五章

积极推动《新加坡调解公约》在
中国落地的若干建议

　　党的十九大报告指出，我国要深化商事制度改革。近年来，围绕商事制度改革，中国不断创造宽松便捷的准入环境、公平有序的竞争环境，以及高效便捷的多元化纠纷解决机制。在商事调解领域，《新加坡调解公约》旨在便利国际商事和解协议的跨国执行。在此层面上而言，《新加坡调解公约》的落地有利于中国推进市场经济体制建设，依法保障商事主体的"意思自治"，进一步营造稳定公平透明、可预期的营商环境。然而，由于中国法学理论界、法律实务界对商事调解制度的认识程度相对有限。因此，在《新加坡调解公约》批准之前，中国应积极在理论上、立法上、司法上促进中国商事调解理念、制度和实践的发展与完善。鉴于此，在前述研究成果的基础上，研究项目组就推动《新加坡调解公约》在中国最终落地工作提出以下若干建议，供商务部决策参考。

第一节　宏观政策建议

一　应大力促进中国法学界加强商事调解法律理论的研究

当前，中国国内对商事调解理论的研究处于空白状态。理论研

究的缺乏导致商事调解的实践面临诸多障碍。主要体现在以下两个
方面：其一，中国仍未将人民调解和商事调解区别开来。虽然二者
具有共性，但商事调解的特点是专业化、规范化、商业化与国际
化，而人民调解主要依靠人民群众以"息诉宁人"的方式解决民事
纠纷，二者具有本质的区别。然而，不管是理论界还是实务界，将
二者混同甚至等同的现象广泛存在。这不仅不利于商业调解的国际
化发展，也不利于人民调解工作的深化开展。其二，中国商事调解
的基本理论研究仍有重大缺陷。中国理论界未对商事调解的历史、
特点及域外先进经验进行系统梳理与研究。例如，对"调解协议"
"调解书""和解协议"等概念未进行区分。又如，对"和解协议"
的合同属性与既判力问题仍无专门研究。

　　理论的缺失正成为中国商事调解实务制度的发展的瓶颈问题。
有鉴于此，我们建议，应大力推进中国理论界对商事调解的研究。

　　主要建议如下：第一，推出一批重要的法律理论文章。此类文
章不仅着眼于《新加坡调解公约》本身，还应该结合最新的域外经
验，为中国商事调解制度的构建提供理论指引。第二，推出一批专业著
作。此类专著应解决中国商事调解法律制度的基本理论问题。例如，应
系统阐述商事调解与人民调解的关系与区别，宣传商事调解制度的先进
性、技术性及国际性特色。第三，提倡商事调解法律制度进高校、进课
堂。特别是应组织团队编写商事调解法律制度教材，并将其纳入国际经
济法教学大纲中。唯有调动全国理论实务界对商事调解进一步研究，才
能真正实现国际商事调解制度在中国的落地。

二　应推动中国法学理论界和法律实务界采取有力举措建立现代商事调解制度

　　回顾国际商事仲裁的发展历程，强化宣传是核心的工作。当
前，中国实务界对商事调解了解不多、运用不足、使用不佳。例

如，上海经贸商事调解中心、上海贸促会调解中心等调解机构的调解案件百分之九十五来自法院的移送。商事调解作为独立争端解决方式的地位仍未得到我国商业市场的认可。作为和平解决国际争端的典范，商事调解对维持良好商业关系具有重要的作用。

有鉴于此，中国投资主管部门、商务主管部门、贸易促进部门、调解机构以及科研院所应大力宣传《新加坡调解公约》与商事调解法律制度，推动国内著名调解机构借鉴示范法推出先进的调解规则，并制定调解员资格标准，激励更多的商业主体了解并选择商事调解作为纠纷解决的方案，并实现持久性的和谐商业环境。

主要建议如下：第一，要树立商事调解机构的品牌意识。商事调解的发展依赖于商事调解机构的知名度和公信力。中国商事调解机构应树立精品意识、品牌意识，通过主动创建品牌，促进商事调解理念深入人心。第二，推出具有中国智慧与国际水准的商事调解规则。作为东方智慧，调解在中国具有悠久的历史。因此，应打造具有中国特色并结合国际最新实践的商事调解规则范本。同时，中国涉外律师等实务人员应积极在国际上解读并推荐中国商事调解规则，以此建构中国规则的国际影响力和话语权。第三，应推出一批具有公信力和影响力的金牌商事调解员。商事调解的成功取决于当事方对调解员的信任及调解员的专业性。中国主管机构和调解机构应推出符合国际标准、具有专业性、品德高尚的调解员，建立市场对商事调解的信心。同时，中国贸易促进部门、律协等可聘请国际著名商事调解员对中国商事调解员进行培训。第四，应推出一批著名的商事调解成功案例。特别是应选取具有国有企业参与、金额相对较大的案件。在当事双方同意的情况下，宣传商事调解快速、有效化解纠纷的功能与效果。第五，可借鉴全球国际商事仲裁大会，探索中国主办全球性的国际商事调解大会（ICCM），打造全球商事调解的新高地。

三 应积极推动相关政府部门支持、人民法院配合，共同为《新加坡调解公约》落地创造条件

商事调解的发展有利于推进中国特色社会主义核心价值观，特别是促进文明、和谐、法治、诚信的社会建设，并能够提升中国司法的涉外业务水平和能力。中国商事调解制度的发展离不开各政府部门的有效支持，特别是商务部门、司法行政部门以及司法机关。有鉴于此，中国政府相关部门和司法机关应统一共识，共同研究《新加坡调解公约》落地问题。

主要建议如下，第一，制定批准《新加坡调解公约》的时间表、路线图，加强政府相关部门、立法部门、司法部门之间的工作协调，建立常设协调议事机制。第二，将批准条约前应解决的问题进行系统梳理，分门别类，在认真研究的基础上，逐一解决。第三，积极推动中国商事调解立法尽快纳入立法规划，在此之前，可考虑在已经进入立法程序中的《民事强制执行法》中设置专门条款，对执行国内外调解协议做出原则性规定。第四，人民法院应通过制定司法解释的方式建立执行国际调解协议的审查程序和条件，对符合条件的国际商事和解协议提供司法救济，为最终批准条约创造条件。

第二节 批准公约前的工作建议

一 应尽快推动中国司法机构与《新加坡调解公约》的对接

鉴于中国目前并没有执行国际和解协议的程序规则，且立法程序相对冗长，建议分"两步走"解决中国批准《新加坡调解公约》后制度对接问题。即，可考虑在已经进入立法程序中的《民事强制执行法》中设置专门条款，对执行国内外调解协议做出原则性规定，再通过发布司法解释方式解决执行国际和解协议程序规则；第

二步，通过对商事调解专门立法的方式，实现中国法律制度与《新加坡调解公约》的衔接。

主要建议如下：第一，在审查机构上，应规定申请中国主管机关执行和解协议的前提为被执行人或其财产所在国在中国境内，并应由和解协议一方当事人向被执行人所在地或其财产所在地的中级人民法院提出。第二，在审查内容上，中国司法机构应对和解协议的形式、当事方对和解协议的异议，以及和解协议是否违背中国公共政策、是否属于不可调解事项进行审查。第三，在审查程序上，中国有管辖权的人民法院接到一方当事人的申请后，应对申请执行的和解协议进行审查，如果认为不具有《新加坡调解公约》所列拒绝情形，应当准予执行。如果认定将对国际商事和解协议拒绝准予执行，应履行逐级报核制度，由最高人民法院答复后，方可裁定拒绝。第四，在执行程序上，国际和解协议的执行应采取"审查与执行分离"的模式，先由人民法院的涉外庭或涉外部门进行形式审查，在符合公约要求并不违背我国基本法律、公共政策的情况下，可由执行部门进行强制执行。第五，为实现中国法律制度与《新加坡调解公约》的有效衔接，在批准公约前，可在最高人民法院国际商事法庭及专家委员会、自贸区、自贸港、大湾区等地区法院进行先行先试，对国际商事和解协议准予独立的司法救济。

二　批准公约时可不作任何保留，也可考虑在批准公约时采纳公约规定的第二项保留，待时机成熟时，取消此项保留

在保留问题上，研究项目组首先建议，中国政府批准《新加坡调解公约》时首选不作任何保留。但与此同时，考虑到各部门的意见及法学界、商事调解界专家、学者的建议，为了减轻因批准公约给国内相关部门可能带来的压力，为批准公约创造国内条件，故建议也可考虑第二种选择方案：采纳公约第二条规定的保留。即，

《新加坡调解公约》第8条第1款（b）项规定的保留条款内容是："本公约适用，唯需和解协议当事人已同意适用本公约。"根据此项保留，可排除一些当事人签署的、未列明适用《新加坡和解公约》的和解协议的执行，以此减轻因批准公约可能产生的执行国际和解协议的巨大负担。待国内各方面条件成熟时，应当取消此项保留。

三　积极探索制定独立的商事调解法并修订现有法律，以实现与《新加坡调解公约》的衔接

截至目前，中国法律法规并没有关于国际商事和解协议的相关规定，这显然不利于中国商事调解市场的发展以及商事制度的完善。实践中，《人民调解法》等无法承担规范商事调解活动的任务。因此，中国应探索制度独立的商事调解法，建立并发展中国商事法律制度体系。

主要建议如下：第一，应借鉴《示范法》《仲裁法》等，制定包括总则、管理机构与协会、调解员准则、调解准则、调解协议等内容的商事调解法。在商事调解法中，中国应重点规范可调解事项、调解与调解员准则，进而确立国际商事调解领域的基本法。第二，应探索个人调解的法律效力问题。《新加坡调解公约》并不区分机构调解和个人调解。针对中国尚无个人调解实践，中国应通过梳理与归纳工作室调解的经验，逐步发展并规范个人调解市场，实现对个人调解员及调解程序的约束。第三，应适时修改《民事诉讼法》《仲裁法》相关章节。中国应在法律制度中规定国际商事和解协议的执行机制，特别是认可国际和解协议独立的法律救济功能和直接执行效力。具体而言，比照涉外仲裁，《民事诉讼法》第四篇可增加"调解"章节，同时《仲裁法》第七章应确认"经调解达成的国际商事和解协议可请求人民法院准予救济"规则。

四　应在政府主管部门指导下有序推动商事调解行业协会与《新加坡调解公约》的对接

由于商事调解与人民调解在本质上具有差异性，并且国际商事调解具有涉外性、专业性和规范性的特点，但并不重点强调法律性，鉴于此，可由商务部牵头主管商事调解业务指导工作，并有序推动中国相关主管部门、行业协会与《新加坡调解公约》的对接。

主要建议如下：第一，中国行业协会应尽早建立调解员指导标准与诚信机制。在中国商事调解制度的构建上，行业协会应该发挥更大的作用，尽快建立调解员指导标准，并构建调解员诚信机制建设。在实践中，中国行业协会还应该探索对调解员培训的长效机制。同时，中国可推动在贸法会内推出关于商事调解员的守则，也可和其他缔约方共同提出商事调解员的倡议。

第二，中国调解机构的调解规则应与《新加坡调解公约》实现有序对接。当前，中国涉外调解规则并没有引入该公约执行的机制，因此，建议中国主要调解机构的涉外调解规则中增加关于利用该公约执行的机制。

第三，应逐步放开调解机构和调解员来华执业。为提升争端解决服务的水平和能力，中国可在自贸区、自贸港、大湾区等先行先试，鼓励外国调解机构与调解员来华执业，推动中国营商环境的优化。

第四，应积极打造中国商事调解研究的理论高地。中国商事调解制度的发展需要系统的、深入的、全面的理论研究并需要一批享誉国内外的调解理论和实践工作者。为推进我国商事调解法律制度从无到有、从有到优，建议可由中国法学会或者中国社会科学院等牵头设立中国商事调解研究会，或将现有的中国仲裁法学研究会更名为中国仲裁及调解法学研究会，增加商事调解法学的研究内容和领域，以此打造中国商事调解法律制度研究的理论阵地。

参考文献

王钢：《国际商事调解技巧研究》，中国民主法制出版社 2014 年版。

尹力：《国际商事调解法律问题研究》，武汉大学出版社 2007 年版。

朱楠：《商事调解原理与实务》，上海交通大学出版社 2014 年版。

高晓力：《中国法院承认和执行外国仲裁裁决的积极实践》，《法律适用》2018 年第 5 期。

黄忠顺：《商事调解与民事调解的区分原理及其实现路径——基于 2012—2013 年中国商事调解研究文献的分析》，《北京仲裁》2014 年第 3 期。

廖永安、段明：《我国发展"一带一路"商事调解的机遇、挑战与路径选择》，《南华大学学报》（社会科学版）2018 年第 4 期。

刘敬东：《大国司法：中国国际民事诉讼制度之重构》，《法学》2016 年第 7 期。

宋连斌：《从仲裁与调解相结合到单独调解》，《昆明理工大学学报》（社会科学版）2009 年第 11 期。

孙巍：《〈联合国关于调解所产生的国际和解协议公约〉立法背景及条文释义》，法律出版社 2018 年版。

王勇：《论现代条约保留的特征》，《法学杂志》2010 年第 10 期。

温先涛：《〈新加坡调解公约〉与中国商事调解——与〈纽约公约〉〈选择法院协议公约〉相比较》，《中国法律评论》2019 年第

1 期。

赵建文:《中国的条约保留实践回顾与评价》,《政治与法律》2013
年第 9 期。

Brette L. Steele, "Enforcing International Commercial Mediation Agree-
ments as Arbitral Awards Under the New York Convention", *UCLA
Law Review*, Vol. 54, 2007.

Edna Sussman, "The New York Convention Through a Mediation
Prism", *Dispute Resolution Magazine*, Vol. 15, 2009.

Timothy Schnabel, "The Singapore Convention on Mediation: A Frame-
work for the Cross-Border Recognition and Enforcement of Mediated
Settlements", *Pepperdine Dispute Resolution Law Journal*, 2019.

附 录 一

《新加坡调解公约》(中英文)

《联合国关于调解所产生的国际和解协议公约》
United Nations Convention on International Settlement Agreements Resulting from Mediation

序言

本公约当事方,

认识到调解作为一种商事争议解决办法对于国际贸易的价值,争议当事人藉此办法请求第三人协助其设法友好解决争议,

注意到国际和国内商业实务越来越多地使用调解替代诉讼,

考虑到使用调解办法产生显著益处,例如,减少因争议导致终止商业关系的情形,便利商业当事人管理国际交易,并节省国家司法行政费用,

深信就调解所产生的国际和解协议确立一种可为法律、社会和经济制度不同的国家接受的框架,将有助于发展和谐的国际经济关系,

兹商定如下:

Preamble

The Parties to this Convention,

Recognizing the value for international trade of mediation as a method for settling commercial disputes in which the parties in dispute request a third person or persons to assist them in their attempt to settle the dispute amicably,

Noting that mediation is increasingly used in international and domestic commercial practice as an alternative to litigation,

Considering that the use of mediation results in significant benefits, such as reducing the instances where a dispute leads to thetermination of a commercial relationship, facilitating the administration of international transactions by commercial parties and producing savings in the administration of justice by States,

Convinced that the establishment of a framework for international settlement agreements resulting from mediation that is acceptable to States with different legal, social and economic systems would contribute to the development of harmonious international economic relations,

Have agreed as follows:

第 1 条　适用范围

Article 1. Scope of application

1. 本公约适用于调解所产生的、当事人为解决商事争议而以书面形式订立的协议（"和解协议"），该协议在订立时由于以下原因之一而具有国际性：

（a）和解协议至少有两方当事人在不同国家设有营业地；或者

（b）和解协议各方当事人设有营业地的国家不是：

（i）和解协议所规定的相当一部分义务履行地所在国；或者

（ii）与和解协议所涉事项关系最密切的国家。

1. This Convention applies to an agreement resulting from mediation

and concluded in writing by parties to resolve a commercial dispute ("settlement agreement") which, at the time of its conclusion, is international in that:

(a) At least two parties to the settlement agreement have their places of business in different States; or

(b) The State in which the parties to the settlement agreement have their places of business is different from either:

(i) The State in which a substantial part of the obligations under the settlement agreement is performed; or

(ii) The State with which the subject matter of the settlement agreement is most closely connected.

2. 本公约不适用于以下和解协议:

(a) 为解决其中一方当事人（消费者）为个人、家庭或者家居目的进行交易所产生的争议而订立的协议;

(b) 与家庭法、继承法或者就业法有关的协议。

2. This Convention does not apply to settlement agreements:

(a) Concluded to resolve a dispute arising from transactions engaged in by one of the parties (a consumer) for personal, family or household purposes;

(b) Relating to family, inheritance or employment law.

3. 本公约不适用于:

(a) 以下和解协议:

(i) 经由法院批准或者系在法院相关程序过程中订立的协议; 和

(ii) 可在该法院所在国作为判决执行的协议;

(b) 已记录在案并可作为仲裁裁决执行的协议。

3. This Convention does not apply to:

（a）Settlement agreements：

（i）That have been approved by a court or concluded in the course of proceedings before a court；and

（ii）That are enforceable as a judgment in the State ofthat court；

（b）Settlement agreements that have been recorded and are enforceable as an arbitral award.

第2条　定义

Article 2. Definitions

1. 在第1条第1款中：

（a）一方当事人有不止一个营业地的，相关营业地是与和解协议所解决的争议关系最密切的营业地，同时考虑到订立和解协议时已为各方当事人知道或者预期的情形；

（b）一方当事人无营业地的，以其惯常居住地为准。

1. For the purposes of article 1，paragraph 1：

（a）If a party has more than one place of business，the relevant place of business is that which has the closest relationship to the dispute resolved by the settlement agreement，having regard to the circumstances known to，or contemplated by，the parties at the time of the conclusion of the settlement agreement；

（b）If a party does not have a place of business，reference is to be made to the party's habitual residence.

2. 和解协议的内容以任何形式记录下来即为"书面形式"。电子通信所含信息可调取以备日后查用的，该电子通信即满足了和解协议的书面形式要求。

2. A settlement agreement is "in writing" if its content is recorded in any form. The requirement that a settlement agreement be in writing is met

by an electronic communication if the information contained therein is accessible so as to be useable for subsequent reference.

3. "调解"不论使用何种称谓或者进行过程以何为依据,指由一名或者几名第三人("调解员")协助,在其无权对争议当事人强加解决办法的情况下,当事人设法友好解决其争议的过程。

3. "Mediation" means a process, irrespective of the expression used or the basis upon which the process is carried out, whereby parties attempt to reach an amicable settlement of their dispute with the assistance of a third person or persons ("the mediator") lacking the authority to impose a solution upon the parties to the dispute.

第 3 条　一般原则

Article 3. General principles

1. 本公约每一当事方应按照本国程序规则并根据本公约规定的条件执行和解协议。

1. Each Party to the Convention shall enforce a settlement agreement in accordance with its rules of procedure and under theconditions laid down in this Convention.

2. 如果就一方当事人声称已由和解协议解决的事项发生争议,公约当事方应允许该当事人按照本国程序规则并根据本公约规定的条件援用和解协议,以证明该事项已得到解决。

2. If a dispute arises concerning a matter that a party claims was already resolved by a settlement agreement, a Party to the Convention shall allow the party to invoke the settlement agreement in accordance with its rules of procedure and under the conditions laid down in this Convention, in order to prove that the matter has already been resolved.

第 4 条　对依赖于和解协议的要求

Article 4. Requirements for reliance on settlement agreements

1. 当事人根据本公约依赖于和解协议，应向寻求救济所在公约当事方主管机关出具：

（a）由各方当事人签署的和解协议；

（b）显示和解协议产生于调解的证据，例如：

（i）调解员在和解协议上的签名；

（ii）调解员签署的表明进行了调解的文件；

（iii）调解过程管理机构的证明；或者

（iv）在没有第（一）目、第（二）目或者第（三）目的情况下，可为主管机关接受的其他任何证据。

1. A party relying on asettlement agreement under this Convention shall supply to the competent authority of the Party to the Convention where relief is sought:

（a）The settlement agreement signed by the parties;

（b）Evidence that the settlement agreement resulted from mediation, such as:

（i）The mediator's signature on the settlement agreement;

（ii）A document signed by the mediator indicating that the mediation was carried out;

（iii）An attestation by the institution that administered the mediation; or

（iv）In the absence of（i）,（ii）or（iii）, any other evidence acceptable to the competent authority.

2. 符合下列条件的，即为在电子通信方面满足了和解协议应由当事人签署或者在适用情况下应由调解员签署的要求：

（a）使用了一种方法来识别当事人或者调解员的身份并表明当事人或者调解员关于电子通信所含信息的意图；并且

（b）所使用的这种方法：

（i）从各种情况来看，包括根据任何相关的约定，对于生成或者传递电子通信所要达到的目的既是适当的，也是可靠的；或者

（ii）其本身或者结合进一步证据，事实上被证明具备前述（a）项中所说明的功能。

2. The requirement that a settlement agreement shall be signed by the parties or, where applicable, the mediator is met in relation to an electronic communication if：

（a）A method is used to identify the parties or the mediator and to indicate the parties' or mediator's intention in respect of the information contained in the electronic communication；and

（b）The method used is either：

（i）As reliable as appropriate for the purpose for which the electronic communication was generated or communicated, in the light of all the circumstances, including any relevant agreement；or

（ii）Proven in fact to have fulfilled the functions described in subparagraph（a）above, by itself or together with further evidence.

3. 和解协议不是以寻求救济所在公约当事方正式语文拟订的，主管机关可请求提供此种语文的和解协议译本。

3. If the settlement agreement is not in an official language of the Party to the Convention where relief is sought, the competent authority may request a translation thereof into such language.

4. 主管机关可要求提供任何必要文件，以核实本公约的要求已得到遵守。

4. The competent authority may require any necessary document in

order to verify that the requirements of the Convention have been complied with.

5. 主管机关审议救济请求应从速行事。

5. When considering the request for relief, the competent authority shall act expeditiously.

第 5 条　拒绝准予救济的理由

Article 5. Grounds for refusing to grant relief

1. 根据第 4 条寻求救济所在公约当事方的主管机关可根据寻求救济所针对当事人的请求拒绝准予救济，唯需该当事人向主管机关提供以下证明：

（a）和解协议一方当事人处于某种无行为能力状况；

（b）所寻求依赖的和解协议：

　　（i）根据当事人有效约定的和解协议管辖法律，或者在没有就此指明任何法律的情况下，根据在第 4 条下寻求救济所在公约当事方主管机关认为应予适用的法律，无效、失效或者无法履行；

　　（ii）根据和解协议条款，不具约束力或者不是终局的；或者

　　（iii）随后被修改；

（c）和解协议中的义务：

　　（i）已经履行；或者

　　（ii）不清楚或者无法理解；

（d）准予救济将有悖和解协议条款；

（e）调解员严重违反适用于调解员或者调解的准则，若非此种违反，该当事人本不会订立和解协议；或者

（f）调解员未向各方当事人披露可能对调解员公正性或者独立性产生正当怀疑的情形，并且此种未予披露对一方当事人有实质性

影响或者不当影响，若非此种未予披露，该当事人本不会订立和解协议。

1. The competent authority of the Party to the Convention where relief is sought under article 4 may refuse to grant relief at the request of the party against whom the relief is sought only if that party furnishes to the competent authority proof that:

(a) A party to the settlement agreement was under some incapacity;

(b) The settlement agreement sought to be relied upon:

(i) Is null and void, inoperative or incapable of being performed under the law to which the parties have validly subjected it or, failing any indication thereon, under the law deemed applicable by the competent authority of the Party to the Convention where relief is sought under article 4;

(ii) Is not binding, or is not final, according to its terms; or

(iii) Has been subsequently modified;

(c) The obligations in the settlement agreement:

(i) Have been performed; or

(ii) Are not clear or comprehensible;

(d) Granting relief would be contrary to the terms of the settlement agreement;

(e) There was a serious breach by the mediator of standards applicable to the mediator or the mediation without which breach that party would not have entered into the settlement agreement; or

(f) There was a failure by the mediator to disclose to the parties circumstances that raise justifiable doubts as to the mediator's impartiality or independence and such failure to disclose had a material impact or undue influence on a party without which failure that party would not have entered into the settlement agreement.

2. 根据第 4 条寻求救济所在公约当事方主管机关如果做出以下认定，也可拒绝准予救济：

（a）准予救济将违反公约该当事方的公共政策；或者

（b）根据公约该当事方的法律，争议事项无法以调解方式解决。

2. The competent authority of the Party to the Convention where relief is sought under article 4 may also refuse to grant relief if it finds that：

（a）Granting relief would be contrary to the public policy of that Party；or

（b）The subject matter of the dispute is not capable of settlement by mediation under the law of that Party.

第 6 条　并行申请或者请求

Article 6. Parallel applications or claims

如果已经向法院、仲裁庭或者其他任何主管机关提出了与一项和解协议有关的申请或者请求，而该申请或者请求可能影响到根据第 4 条正在寻求的救济，寻求此种救济所在公约当事方的主管机关可在其认为适当的情况下暂停做出决定，并可应一方当事人的请求下令另一方当事人适当具保。

If an application or a claim relating to a settlement agreement has been made to a court, an arbitral tribunal or any other competent authority which may affect the relief being sought under article 4, the competent authority of the Party to the Convention where such relief is sought may, if it considers it proper, adjourn the decision and may also, on the request of a party, order the other party to give suitable security.

第7条　其他法律或者条约

Article 7. Other laws or treaties

本公约不应剥夺任何利害关系人可依寻求依赖和解协议所在公约当事方的法律或者条约所许可的方式，在其许可限度内，援用该和解协议的任何权利。

This Convention shall not deprive any interested party of any right it may have to avail itself of a settlement agreement in the manner and to the extent allowed by the law or the treaties of the Party to the Convention where such settlement agreement is sought to be relied upon.

第8条　保留

Article 8. Reservations

1. 公约当事方可声明：

（a）对于其为一方当事人的和解协议，或者对于任何政府机构或者代表政府机构行事的任何人为一方当事人的和解协议，在声明规定的限度内，本公约不适用；

（b）本公约适用，唯需和解协议当事人已同意适用本公约。

1. A Party to the Convention may declare that：

（a）It shall not apply this Convention to settlement agreements to which it is a party, or to which any governmental agencies or any person acting on behalf of a governmental agency is a party, to the extent specified in the declaration；

（b）It shall apply this Convention only to the extent that the parties to the settlement agreement have agreed to the application of the Convention.

2. 除本条明确授权的保留外，不允许做出任何保留。

2. No reservations are permitted except those expressly authorized in this article.

3. 公约当事方可随时做出保留。在签署时做出的保留，必须在批准、接受或者核准时加以确认。此类保留应在本公约对有关公约当事方生效时同时生效。批准、接受或者核准本公约或者加入本公约时做出的保留，或者在根据第 13 条做出声明时做出的保留，应在本公约对公约有关当事方生效时同时生效。保留书在公约对公约该当事方生效后交存的，于交存日后六个月生效。

3. Reservations may be made by a Party to the Conventionat any time. Reservations made at the time of signature shall be subject to confirmation upon ratification, acceptance or approval. Such reservations shall take effect simultaneously with the entry into force of this Convention in respect of the Party to the Convention concerned. Reservations made at the time of ratification, acceptance or approval of this Convention or accession thereto, or at the time of making a declaration under article 13 shall take effect simultaneously with the entry into force of this Convention in respect of the Party to the Convention concerned. Reservations deposited after the entry into force of the Convention for that Party to the Convention shall take effect six months after the date of the deposit.

4. 保留书及其确认书应交存保存人。

4. Reservations and their confirmations shall be deposited with the depositary.

5. 根据本公约做出保留的公约任何当事方可随时撤回保留。此种撤回书应交存保存人，并应于交存后六个月生效。

5. Any Party to the Conventionthat makes a reservation under this Convention may withdraw it at any time. Such withdrawals are to be deposited with the depositary, and shall take effect six months after deposit.

第 9 条 对和解协议的效力

Article 9. Effect on settlement agreements

本公约以及任何保留或者保留的撤回仅适用于在本公约、保留或者保留的撤回对公约有关当事方生效之日后订立的和解协议。

The Convention and any reservation or withdrawal thereof shall apply only to settlement agreements concluded after the date when the Convention, reservation or withdrawal thereof enters into force for the Party to the Convention concerned.

第 10 条 保存人

Article 10. Depositary

兹指定联合国秘书长为本公约保存人。

The Secretary-General of the United Nations is hereby designated as the depositary of this Convention.

第 11 条 签署、批准、接受、核准、加入

Article 11. Signature, ratification, acceptance, approval, accession

1. 本公约于 2019 年 8 月 1 日在新加坡开放供各国签署，此后在纽约联合国总部开放供各国签署。

1. This Convention is open for signature by all States in Singapore, on 1 August 2019, and thereafter at United Nations Headquarters in New York.

2. 本公约须经签署国批准、接受或者核准。

2. This Convention is subject to ratification, acceptance or approval by the signatories.

3. 本公约对自开放供签署之日起未签署本公约的所有国家开放供加入。

3. This Convention is open for accession by all States that are not signatories as from the date it is open for signature.

4. 批准书、接受书、核准书或者加入书应交存保存人。

4. Instruments of ratification, acceptance, approval or accession are to be deposited with the depositary.

第12条 区域经济一体化组织的参与

Article 12. Participation by regional economic integration organizations

1. 由主权国家组成并对本公约所管辖的某些事项拥有管辖权的区域经济一体化组织同样可以签署、批准、接受、核准或者加入本公约。在这种情况下,区域经济一体化组织享有的权利和承担的义务应与公约当事方相同,但仅限于该组织对本公约所管辖事项拥有管辖权的范围。当涉及本公约下公约当事方数目时,区域经济一体化组织内的成员国为公约当事方的,该区域经济一体化组织不能算作一个公约当事方。

1. A regional economic integration organization that is constituted by sovereign States and has competence over certain matters governed by this Convention may similarly sign, ratify, accept, approve or accede to this Convention. The regional economic integration organization shall in that case have the rights and obligations of a Party to the Convention, to the extent that that organization has competence over matters governed by this Convention. Where the number of Parties to the Convention is relevant in this Convention, the regional economic integration organization shall not count as a Party to the Convention in addition to its member States that are Parties to the Convention.

2. 区域经济一体化组织应在签署、批准、接受、核准或者加入时向保存人提出声明,指明对本公约所管辖的哪些事项的管辖权已由其成员国转移给该组织。根据本款提出声明后,如果管辖权分配发生任何变化,包括管辖权新的转移,区域经济一体化组织应迅速通知保存人。

2. The regional economic integration organization shall, at the time of signature, ratification, acceptance, approval or accession, make a declaration to the depositary specifying the matters governed by this Convention in respect of which competence has been transferred to that organization by its member States. The regional economic integration organization shall promptly notify the depositary of any changes to the distribution of competence, including new transfers of competence, specified in the declaration under this paragraph.

3. 本公约中，对"公约一当事方"、"公约当事方"、"一国"或者"各国"的任何提及，必要时同等适用于区域经济一体化组织。

3. Anyreference to a "Party to the Convention", "Parties to the Convention", a "State" or "States" in this Convention applies equally to a regional economic integration organization where the context so requires.

4. 对于区域经济一体化组织的规则，无论此种规则在本公约之前或者之后通过或者生效：(a) 如果向此种组织一成员国的主管机关寻求第4条下的救济，并且第1条第1款下涉及的所有国家均为此种组织的成员；或者 (b) 涉及区域经济一体化组织成员国之间承认或者执行判决的，本公约与此种规则发生冲突时不得优先。

4. This Convention shall not prevail over conflicting rules of a regional economic integration organization, whether such rules were adopted or entered into force before or after this Convention: (a) if, under article 4, relief is sought in a State that is member of such an organization and all the States relevant under article 1, paragraph 1, are members of such an organization; or (b) as concerns the recognition or enforcement of

judgments between member States of such an organization.

第 13 条　非统一法律制度

Article 13. Non-unified legal systems

1. 公约一当事方拥有两个或者多个领土单位，各领土单位对本公约所涉事项适用不同法律制度的，可在签署、批准、接受、核准或者加入时声明本公约延伸适用于本国的全部领土单位或者仅适用于其中的一个或者数个领土单位，并可随时通过提出另一声明修正其所做的声明。

1. If a Party to the Convention has two or more territorial units in which different systems of law are applicable in relation to the matters dealt with in this Convention, it may, at the time of signature, ratification, acceptance, approval or accession, declare that this Convention is to extend to all its territorial units or only to one or more of them, and may amend its declaration by submitting another declaration at any time.

2. 此种声明应通知保存人，且明确指出适用本公约的领土单位。

2. These declarations are to be notified to the depositary and are to state expressly the territorial units to which the Convention extends.

3. 公约一当事方拥有两个或者多个领土单位，各领土单位对本公约所涉事项适用不同法律制度的，

（a）凡提及一国的法律或者程序规则，应被解释为在适当情况下指有关领土单位的法律或者程序规则；

（b）凡提及一国的营业地，应被解释为在适当情况下指有关领土单位的营业地；

（c）凡提及一国的主管机关，应被解释为在适当情况下指有关领土单位的主管机关。

3. If a Party to the Convention has two or more territorial units in

which different systems of law are applicable in relation to the matters dealt with in this Convention:

(a) Any reference to the law or rule of procedure of a State shall be construed as referring, where appropriate, to the law or rule of procedure in force in the relevant territorial unit;

(b) Any reference to the place of business in a State shall be construed as referring, where appropriate, to the place of business in the relevant territorial unit;

(c) Any reference to the competent authority of the State shall be construed as referring, where appropriate, to the competent authority in the relevant territorial unit.

4. 公约一当事方未根据本条第 1 款做出声明的,本公约延伸适用于该国的全部领土单位。

4. If a Party to the Convention makes no declaration under paragraph 1 of this article, the Convention is to extend to all territorial units of that State.

第 14 条 生效

Article 14. Entry into force

1. 本公约应于第三份批准书、接受书、核准书或者加入书交存后六个月生效。

1. This Convention shall enter into force six months after deposit of the third instrument of ratification, acceptance, approval or accession.

2. 一国在第三份批准书、接受书、核准书或者加入书交存之后批准、接受、核准或者加入本公约的,本公约应于该国交存批准书、接受书、核准书或者加入书之日后六个月对其生效。对于根据第 13 条延伸适用本公约的领土单位,本公约应于通知该条所提及的声明后六个月对其生效。

2. When a State ratifies, accepts, approves or accedes to this Convention after the deposit of the third instrument of ratification, acceptance, approval or accession, this Convention shall enter into force in respect of that State six months after the date of the deposit of its instrument of ratification, acceptance, approval or accession. The Convention shall enter into force for a territorial unit to which this Convention has been extended in accordance with article 13 six months after the notification of the declaration referred to in that article.

第 15 条　修正

Article 15. Amendment

1. 公约任何当事方均可对本公约提出修正案，将其提交联合国秘书长。秘书长应立即将所提修正案转发公约各当事方，请其表示是否赞成召开公约当事方会议，以对该修正提案进行审议和表决。如果自通报之日起四个月内至少有三分之一公约当事方赞成召开此种会议，秘书长应在联合国主持下召集公约当事方会议。

1. Any Party to the Convention may propose an amendment to the present Convention by submitting it to the Secretary-General of the United Nations. The Secretary-General shall thereupon communicate the proposed amendment to the Parties to the Convention with a request that they indicate whether they favour a conference of Parties to the Convention for the purpose of considering and voting upon the proposal. In the event that within four months from the date of such communication at least one third of the Parties to the Convention favour such a conference, the Secretary-General shall convene the conference under the auspices of the United Nations.

2. 公约当事方会议应尽一切努力就每项修正案达成协商一致。如果竭尽一切努力而未达成协商一致，作为最后手段，该修正案须有出席会议并参加表决公约当事方的三分之二多数票方可通过。

2. The conference of Parties to the Convention shall make every effort to achieve consensus on each amendment. If all efforts at consensus are exhausted and no consensus is reached, the amendment shall, as a last resort, require for its adoption a two-thirds majority vote of the Parties to the Convention present and voting at the conference.

3. 通过的修正案应由保存人提交给公约所有当事方，请其批准、接受或者核准。

3. An adopted amendment shall be submitted by the depositary to all the Parties to the Convention for ratification, acceptance or approval.

4. 通过的修正案应在第三份批准书、接受书或者核准书交存之日后六个月生效。修正案一经生效，即对已经表示同意受其约束的公约当事方具有约束力。

4. An adopted amendment shall enter into force six months after the date of deposit of the third instrument of ratification, acceptance orapproval. When an amendment enters into force, it shall be binding on those Parties to the Convention that have expressed consent to be bound by it.

5. 在第三份批准书、接受书或者核准书交存后，如果公约一当事方批准、接受或者核准了一修正案，该修正案于公约该当事方交存批准书、接受书或者核准书之日后六个月对其生效。

5. When a Party to the Convention ratifies, accepts or approves an amendment following the deposit of the third instrument of ratification, acceptance or approval, the amendment shall enter into force in respect of that Party to the Convention six months after the date of the deposit of its instrument of ratification, acceptance or approval.

第 16 条 退约

Article 16. Denunciations

1. 公约当事方得以书面形式正式通知保存人，宣布其退出本公约。退约可限于某些适用本公约的、非统一法律制度的领土单位。

1. A Party to the Convention may denounce this Convention by a formal notification in writing addressed to the depositary. The denunciation may be limited to certain territorial units of a non-unified legal system to which this Convention applies.

2. 退约应于保存人收到通知后十二个月生效。通知中指明退约生效需更长期限的，退约应于保存人收到通知后该更长期限期满时生效。本公约应继续适用于退约生效前订立的和解协议。

2. The denunciation shall take effect 12 months after the notification is received by the depositary. Where a longer period for the denunciation to take effect is specified in the notification, the denunciation shall take effect upon the expiration of such longer period after the notification is received by the depositary. The Convention shall continue to apply to settlement agreements concluded before the denunciation takes effect.

——年［X］月［X］日订于——，正本一份，阿拉伯文、中文、英文、法文、俄文和西班牙文文本具有同等效力。

DONE at—this ［X］ day of ［X］ —, in a single original, of which the Arabic, Chinese, English, French, Russian and Spanish texts are equally authentic.

附 录 二

《新加坡调解公约》正式签署国及批准国家名单①

（截至 2021 年 2 月）

（1）2019 年 8 月 6 日第一批签署国（共 46 个国家）

阿富汗

白俄罗斯

贝宁

文莱

智利

中国

哥伦比亚

刚果共和国

刚果民主共和国

斯威士兰

斐济

---

① 国家名称与排序参照联合国宪法官网信息。

格鲁吉亚

格林纳达

海地

洪都拉斯

印度

伊朗

以色列

牙买加

约旦

哈萨克斯坦

老挝

马来西亚

马尔代夫

毛里求斯

黑山

尼日利亚

北马其顿

帕劳

巴拉圭

菲律宾

卡塔尔

韩国

萨摩亚

沙特阿拉伯

塞尔维亚

塞拉利昂

新加坡

斯里兰卡

东帝汶

土耳其

乌干达

乌克兰

美国

乌拉圭

委内瑞拉

（2）2019 年 9 月第二批签署国

亚美尼亚

乍得

厄瓜多尔

加蓬

几内亚比绍

（3）2020 年 7 月第三批签署国

加纳

（4）截至 2021 年 2 月批准或核准《新加坡调解公约》的国家：

白俄罗斯

厄瓜多尔

斐济

卡塔尔

沙特阿拉伯

新加坡

附 录 三

《联合国国际贸易法委员会
国际商事调解示范法》

《联合国国际贸易法委员会国际商事调解示范法》

第 1 条　适用范围和定义

1. 本法适用于国际商事调解。

2. 对本法而言，"调解人"系指单独一名调解人或指两名或多名调解人。

3. 对本法而言，"调解"系指当事人请求一名或多名第三人（"调解人"）协助他们设法友好解决他们由于合同引起的或与合同的或其他的法律关系有关的争议的过程，而不论其称之为调解、调停或以类似含义的措辞相称。调解人无权将解决争议的办法强加于当事人。

4. 调解如有下列情形即为国际调解：

（a）订立调解协议时，调解协议各方当事人的营业地处于不同的国家；或者

（b）各方当事人营业地所在国并非：

（i）履行商业关系中大部分义务的所在国；或者

（ii）与争议标的事项关系最密切的国家。

5. 对本条而言：

（a）一方当事人拥有一个以上营业地的，与调解协议关系最密切的营业地为营业地；

（b）一方当事人无营业地的，以其惯常居住地为准。

6. 本法也适用于双方当事人约定其调解是国际调解的或者约定适用本法的商事调解。

7. 双方当事人可自行约定排除适用本法。

8. 以本条第9款的规定为准，不论调解以何为依据，包括以当事人在争议发生前或发生后达成的协议为依据、以法律规定的义务为依据或者以法院、仲裁庭或

主管政府实体的指示或建议为依据，本法均适用。

9. 本法不适用于：

（a）法官或仲裁员在司法程序或仲裁程序中试图促成和解的案件；和

（b）［…］。

第2条 解释

1. 解释本法时，应当考虑到其国际渊源以及促进其统一适用和遵守诚信的必要性。

2. 对于由本法管辖的事项而在本法内并未明文规定解决办法的问题，应当按本法所依据的一般原则解决。

第3条 经由协议的变更

除第2条和第6条第3款的规定以外，各方当事人可以协议排除或者变更本法的任何规定。

第4条 调解程序的开始

1. 对所发生的争议的调解程序，自该争议各方当事人同意参与调解程序之日开始。

2. 一方当事人邀请另一方当事人参与调解，自邀请发出之日起三十天内，或者在该邀请规定的其他时间内，未收到接受邀请

的，可以作为拒绝调解邀请处理。

第 5 条　调解人的人数

1. 除非当事人约定应当有一名以上调解人，调解人应当为一人。

2. 各方当事人应尽力就一名调解人或多名调解人达成协议，除非已约定以不同程序指定他们。

3. 各方当事人可以在指定调解人方面寻求机构或个人的协助，特别是：

（a）一方当事人可以请求上述机构或个人推荐适合担任调解人的人选；或者

（b）各方当事人可以协议由上述机构或个人直接指定一名或一名以上的调解人。

4. 在推荐或指定个人担任调解人时，上述机构或个人应当考虑各种可能确保指定一名独立和公正调解人的因素，并应在情况适当时，考虑是否指定一名不属于各方当事人国籍的调解人。

5. 在被征询关于本人可能被指定为调解人时，被征询人应当披露有可能引起对其公正性或独立性的正当怀疑的任何情形。调解人应当自其被指定之时起以及在整个调解程序的期间内，毫不迟延地向各方当事人披露任何此种情形，除非调解人已将此种情形告知各方当事人。

第 6 条　调解的进行

1. 各方当事人可以通过提及一套规则或者以其他方式，自行约定进行调解的方式。

2. 未约定进行调解的方式的，调解人可以在考虑到案件情况、各方当事人可能表示的任何愿望和迅速解决争议的必要性情况下，按其认为适当的方式进行调解程序。

3. 在任何情况下，调解人都应当在进行调解程序时力求保持对各方当事人的公平待遇，并应当在这样做时，考虑到案件的情况。

4. 调解人可以在调解程序的任何阶段提出解决争议的建议。

第 7 条　调解人与当事人的联系

调解人可以与当事人集体或分别进行面谈或联系。

第 8 条　披露信息

调解人收到一方当事人关于争议的信息时，可以向参与调解的任何其他方当事人披露该信息的实质内容。但是，一方当事人向调解人提供任何信息附有必须保密的特定条件的，该信息不得向参与调解的任何其他方当事人披露。

第 9 条　保密

除非当事人另有约定，与调解程序有关的一切信息均应保密，但按照法律要求或者为了履行或执行和解协议而披露信息的除外。

第 10 条　证据在其他程序中的可采性

1. 调解程序的一方当事人或任何第三人，包括参与调解程序行政工作的人在内，不得在仲裁、司法或类似的程序中以下列事项作为依据、将之作为证据提出或提供证言或证据：

（a）一方当事人关于参与调解程序的邀请，或者一方当事人曾经愿意参与调解程序的事实；

（b）一方当事人在调解中对可能解决争议的办法所表示的意见或提出的建议；

（c）一方当事人在调解程序过程中做出的陈述或承认；

（d）调解人提出的建议；

（e）一方当事人曾表示愿意接受调解人提出的和解建议的事实；

（f）完全为了调解程序而准备的文件。

2. 不论本条第 1 款所述的信息或证据的形式如何，本条第

（1）款均适用。

3. 仲裁庭、法院或政府其他主管当局不得下令披露本条第 1 款所述的信息。违反本条第 1 款提供这类信息作为证据的，该证据应当作为不可采纳处理，但按照法律要求或者为了履行或执行和解协议的，可以披露或者作为证据采纳这类信息。

4. 不论仲裁、司法或类似的程序与目前是或曾经是调解程序的标的事项的争议是否有关，本条第 1 款、第 2 款或者第 3 款的规定均适用。

5. 以本条第 1 款的限制为限，在仲裁或司法或类似程序中可予采纳的证据并不因其曾用于调解中而变成不可采纳。

第 11 条　调解程序的终止

调解程序在下列情形下终止：

（a）各方当事人订立了和解协议的，于协议订立之日终止；

（b）调解人在同各方当事人协商后声明，宣布继续进行调解已无意义的，于声明发表之日终止；

（c）各方当事人向调解人声明，宣布终止调解程序的，于声明发表之日终止；

（d）一方当事人向对方或其他各方当事人和已指定的调解人声明，宣布终止调解程序的，于声明发表之日终止。

第 12 条　调解人担任仲裁员

除非当事人另有约定，调解人不应当担任对于曾经是或目前是调解程序标的事项的争议或者由于同一合同或法律关系或任何与其有关的合同或法律关系引起的另一争议的仲裁员。

第 13 条　诉诸仲裁或司法程序

当事人同意调解并明确承诺在一段特定时期内或在某一特定事件发生以前，不就现有或未来的争议提起仲裁或司法程序的，仲裁庭或法院应当承认这种承诺的效力，直至所承诺的条件实现为止，但一方当事人认为是维护其权利而需要提起的除外，提起这种程序本身并不被视为对调解协议的放弃或调解程序的终止。

第14条 和解协议的可执行性

当事人订立争议和解协议的，该和解协议具有约束力和可执行性……［颁布国可插入对和解协议执行方法的说明，或提及关于执行方法的规定］。

在实施用以执行和解协议的程序时，颁布国可以考虑这种程序是否可具有强制性。

附 录 四

《国际商事争端预防与解决组织国际
商事调解规则(专家稿)》①

序 言

为积极促进"一带一路"国际合作,依法妥善化解"一带一路"建设过程中产生的商事争端,平等保护中外当事人合法权益,努力营造公平公正的营商环境,为推进"一带一路"建设、实行高水平贸易和投资自由化便利化政策、推动建设开放型世界经济提供更加有力的法律服务,特制定本调解规则;

考虑到,"一带一路"建设参与主体的多样性、纠纷类型的复杂性以及各国立法、司法、法治文化的差异性,应积极培育并完善诉讼、仲裁、调解有机衔接的争端解决服务保障机制,切实满足中外当事人多元化纠纷解决需求;

考虑到,支持"一带一路"国际商事纠纷通过调解方式解决,推动建立诉讼与调解有效衔接的多元化纠纷解决机制,形成便利、快捷、低成本的"一站式"争端解决中心,为"一带一路"建设参与国当事人提供优质高效的法律服务;

---

① 本稿系中国社会科学院国际法研究所受中国贸促会法律部委托于2019年完成的专家意见稿,撰写成员:刘敬东、何晶晶、孙南翔。

坚持以共商共建共享原则、公正高效便利原则、尊重当事人意思自治原则、纠纷解决方式多元化原则为指导，制定国际商事争端预防与解决组织调解规则。

一 国际商事调解规则

第一条 适用范围和定义

1. 本规则适用于国际商事调解，特别服务于"一带一路"沿线国家。

2. 对本规则而言，"调解员"系指单独一名调解员或指两名或多名调解员。

3. 对本规则而言，"调解"系指基于双方当事人或各方当事人自愿、当事人请求一名或多名第三人（"调解员"）协助友好解决他们由于合同引起的或与合同有关或与其他法律关系有关的争端的过程，而不论其称之为调解、调停或以类似含义的措辞相称。调解员无权将解决争端的办法强加于当事人。

4. 调解如有下列情形即为国际调解：

（a）订立和解协议时，和解协议各方当事人的营业地处于不同的国家；或者

（b）各方当事人营业地所在国并非：（i）履行商业关系中大部分义务的所在国；或者（ii）与纠纷标的事项关系最密切的国家。

一方当事人拥有一个以上营业地的，与和解协议关系最密切的营业地为营业地；一方当事人无营业地的，以其惯常居住地为准。

5. 对本条而言：对"商事"一词应作广义解释，以涵盖由于商业性质的所有各种关系而发生的事项，无论这种关系是否属于合同关系。商业性质的关系，包括但不限于下述交易：供应或交换货物或服务的任何贸易交易；分销协议；商业代表或代理；保理；租赁；工程建造；咨询；工程；许可证交易；投资；融资；银行；保

险；开发协议或特许权；合营企业和其他形式的工业或商业合作；
航空、海路、铁路或公路客货运载。

第二条　调解员的资格

除非当事人另有约定，国际商事调解员不应在同一争端进行的
仲裁程序中担任仲裁员。

第三条　调解员的能力要求

调解员应具有公正性、独立性，并具备经贸、法律、建筑等专
业知识。

第四条　调解员的指定

除非当事人共同约定应有两名或多名调解员，调解员为一人。

各方当事人可从本中心发布的调解员名册中共同提名一名候选
调解员，或在调解员名册外共同提名一名候选调解员，经本中心确
认后，该候选调解员可充当本争端的调解员。

若当事人未能就调解员的指定达成一致，中心应在与当事人协
商后任命一名调解员。当事人若未能在收到通知文件起 15 日内就
调解员达成一致意见，则中心应任命一名调解员。

第五条　调解员的义务

在确认或委派调解员之前，候选调解员应书面声明他/她接受
委派，可做出时间安排及将保持公正与独立。

候选调解员应立即向各当事方及本中心披露任何与其公正和独
立性的实际或潜在利益冲突。

若调解中存在利益冲突的情形，本中心可替换调解员。

第六条　调解的启动

若一方或各方当事人准备开展调解，当事人应提交调解的书面
申请。该申请书的副本须送交调解的其他当事人。

一方当事人邀请另一方当事人参与调解，自邀请发出之日起 30
日内，或者在该邀请规定的其他时间内，未收到接受邀请的，可以

作为拒绝调解邀请处理。

调解申请应载明各方当事人的姓名或名称、联系方式;争议的事实;适当的证据材料;调解请求。

调解程序自本争端各方当事人同意参与调解程序之日起启动。

第七条 调解的进行

当事人应在调解过程中诚信地为达成和解而努力。

调解员可选择书面或开庭的形式进行调解。

调解员应尊重当事人的意愿,促使当事人充分磋商,并公平对待各方当事人。

第八条 调解的终止

调解在如下情形将被终止:

1. 各方当事人签署和解协议;

2. 任何一方当事人在任何时间书面通知调解员其已决定不再继续进行调解;

3. 调解员书面通知调解已进行完毕;

4. 调解员认为调解无法解决当事人之间的争议并书面通知各当事人;或

5. 中心书面通知各方当事人任何设定的调解时限,包括任何延展的时限,均已期满。

第九条 信息披露与保密

调解员收到一方当事人关于争端的信息时,可以向参与调解的任何其他方当事人披露该信息的实质内容,除非一方当事人提供信息时附有保密条件。

调解员、各方当事人及参与调解的人员必须对与调解程序有关的一切事项进行保密,不得在就相关案件进行的诉讼中作证,除非各方当事人另有约定或法律法规另有规定。

第十条 免责

除非故意或重大过失，本中心或任何调解员均不就按本规则进行的任何调解程序而产生的作为或不作为而向任何当事人承担责任。

第十一条 联合调解

经当事人同意，本中心可与其他争议解决机构组成联合调解机构，进行联合调解。

联合调解机构统一适用本调解规则，有特别规定的除外。

第十二条 调解的语言

本中心调解案件的工作语言为中文、英文。当事人可自行约定其他语言并承担由此产生的费用。

第十三条 调解费用

本中心调解费用包括登记费、管理费、调解员报酬。

调解费用按照调解中心制定的调解收费表执行。

调解费用以及各方当事人应支付的其他费用，由各方当事人平均分担，当事人另有约定的除外。

第十四条 调解与仲裁的衔接

基于双方当事人自愿的基础上，本中心达成的和解协议可以通过特定的简易仲裁程序转变成仲裁裁决书并获得一般仲裁裁决书的法律效力，以实现调解与仲裁之间的有机衔接。

第十五条 调解与诉讼的衔接

本中心达成的国际和解协议在经过国际商事法庭的特定司法审查程序之后，还可以转变为具有强制执行力的调解书或判决书，以实现调解与诉讼之间的有机衔接。

第十六条 通过《新加坡调解公约》实现国际和解协议的执行

基于本中心调解而形成的国际商事和解协议，在和解协议可以满足《新加坡调解公约》（全称为《联合国关于调解所产生的国际和解协议公约》，以下简称《公约》）适用范围的情况下，当事方也可以根据《公约》的相关规定，申请和解协议的执行。

附 录 五

第二工作组（争议解决）第六十八届会议
工作报告（2018 年 2 月 5 日至 9 日，纽约）

一 导言

1. 委员会 2015 年第四十八届会议授权工作组启动关于和解协议执行主题的工作，以确定相关问题并提出可能的解决办法，包括可能拟订一部公约、示范条文或指导意见案文。委员会商定，工作组的任务授权应当是广泛的，以考虑到各种不同做法和关切。[①] 工作组在第六十三届会议上开始审议这一主题（A/CN.9/861）。

2. 委员会 2016 年第四十九届会议收到了工作组第六十三届会议和第六十四届会议工作报告（分别为 A/CN.9/861 和 A/CN.9/867）。讨论之后，委员会对工作组为拟订一部涉及调解所产生国际商事和解协议的执行的文书所做的工作表示赞许，并确认工作组应当继续进行关于这一主题的工作。[②]

3. 委员会 2017 年第五十届会议收到了工作组第六十五

[①] 《大会正式记录，第七十届会议，补编第 17 号》（A/70/17），第 135—142 段。
[②] 《大会正式记录，第七十届会议，补编第 17 号》（A/71/17），第 162—165 段。

会议和第六十六届会议工作报告（分别为 A/CN.9/896 和 A/CN.9/901）。委员会注意到工作组第六十六届会议达成的折中建议，其中作为一揽子方案处理了五个关键问题（A/CN.9/901，第 52 段），并表示支持工作组继续在这一折中建议的基础上推进工作。委员会对工作组所取得的进展表示满意。并请工作组迅速完成这项工作。①

4. 工作组第六十七届会议（A/CN.9/929）请秘书处拟订一部《贸易法委员会国际商事调解示范法》（《调解示范法》或《示范法》）修订草案和一部公约草案，其中要反映工作组的审议情况和决定。

二 会议安排

5. 工作组由委员会所有成员国组成，于 2018 年 2 月 5 日至 9 日在纽约举行了第六十八届会议。工作组下列成员国的代表出席了会议：阿根廷、澳大利亚、奥地利、保加利亚、喀麦隆、加拿大、智利、中国、哥伦比亚、捷克、丹麦、厄瓜多尔、萨尔瓦多、法国、德国、希腊、匈牙利、印度、印度尼西亚、以色列、意大利、日本、科威特、黎巴嫩、利比亚、马来西亚、墨西哥、纳米比亚、尼日利亚、菲律宾、大韩民国、罗马尼亚、俄罗斯联邦、塞拉利昂、新加坡、西班牙、瑞士、泰国、土耳其、大不列颠及北爱尔兰联合王国、美利坚合众国、委内瑞拉玻利瓦尔共和国。

6. 下列国家派观察员出席了会议：阿尔及利亚、比利时、贝宁、塞浦路斯、刚果民主共和国、多米尼加共和国、芬兰、伊拉克、摩洛哥、尼泊尔、荷兰、挪威、沙特阿拉伯、阿拉伯

---

① 《大会正式记录，第七十届会议，补编第 17 号》（A/72/17），第 236—239 段。

叙利亚共和国、越南。

7. 欧洲联盟和教廷也派观察员出席了会议。

8. 下列国际非政府组织也应邀派观察员出席了会议:美国仲裁协会/国际争议解决中心、美国律师协会、阿拉伯国际仲裁协会、新西兰仲裁员和调解员协会、北京仲裁委员会/北京国际仲裁中心、比利时仲裁和调解中心、特许仲裁员协会、中国国际经济和贸易仲裁委员会、英联邦秘书处、国际调解和仲裁论坛、香港调解中心、美洲律师协会、美洲商事仲裁委员会、国际调解员学院、国际冲突预防与解决研究所、国际法协会、国际调解研究所、耶路撒冷仲裁中心、韩国商事仲裁委员会、亚洲及太平洋法律协会、马德里仲裁法院、迈阿密国际仲裁学会、米兰仲裁员俱乐部、模拟仲裁辩论赛赛友会、纽约国际仲裁中心、公认国际金融市场专家小组、拉各斯国际商事仲裁区域中心、俄罗斯仲裁协会、欧洲法律学生协会。

9. 工作组选出了下列主席团成员:

主席:Natalie Yu-Lin Morris-Sharma 女士(新加坡)

报告员:Khory McCormick 先生(澳大利亚)

10. 工作组收到了下列文件:(a)临时议程(A/CN.9/WG.II/WP.204);(b)秘书处关于拟订关于调解所产生国际商事和解协议的执行的文书的说明(A/CN.9/WG.II/WP.205及增编)。

11. 工作组通过了下列议程:

1. 会议开幕。

2. 选举主席团成员。

3. 通过议程。

4. 拟订关于调解所产生国际商事和解协议的执行的文书。

> 5. 今后的工作。
>
> 6. 通过报告。

三 审议情况和决定

12. 工作组以秘书处的说明（A/CN.9/WG.II/WP.205 及增编）为基础，审议了议程项目 4。工作组关于项目 4 的审议情况和决定载于第四章，关于项目 5 的审议情况和决定载于第五章。

13. 在审议结束时，工作组请秘书处：（一）根据工作组的审议情况和决定拟订一部公约草案和一部《示范法》修正草案（"文书草案"），并作编辑上的必要调整，以确保文书草案在措辞上的一致性；（二）将文书草案分发给各国政府征求意见，以期委员会在定于 2018 年 6 月 25 日至 7 月 13 日在纽约举行的第五十一届会议上对文书草案进行审议。

四 国际商事调解：拟订关于调解所产生国际商事和解协议的执行的文书

14. 工作组根据 A/CN.9/WG.II/WP.205 号文件及其增编，继续就拟订文书草案进行审议。

15. 工作组同意按 A/CN.9/WG.II/WP.205 号文件中提出这些问题的顺序对其进行审议，同时考虑到 A/CN.9/WG.II/WP.205/Add.1 号文件中提出的文书案文草案以及其他任何起草建议。

A. 术语

16. 工作组注意到并核准文书草案全文将术语"concilia-tion"（"调解"）改为"mediation"（"调解"）。工作组进一步核准了对这一调整的理由做出说明的解释性案文（见 A/CN. 9/WG. II/WP. 205，第 5 段），该文件将在重审贸易法委员会关于调解的现有法规时使用。

B. 范围和除外情形

1. 适用范围（公约草案第 1 条第（1）款和第 3 条第（1）款）

17. 会上提出，公约草案第 1 条第（1）款中使用"国际协定"一词可能引起混乱，因为这一表述通常指国家与其他国际法人之间缔结的在国际法下具有约束力的协定。根据公约草案应避免使用"国际协定"一词这一共识，会上提议将公约草案第 1 条第（1）款与第 3 条第（1）款合并成单独一款，"协定"一词之前不提及"国际"。这项建议得到支持。

18. 经过讨论，工作组决定对公约草案第 1 条第（1）款修改如下："本公约适用于与调解所产生的、当事人为解决商事争议而以书面形式订立的协议（'和解协议'），条件是，在订立该协议时，（a）和解协议至少有两方当事人在不同国家设有营业地；或者（b）和解协议各方当事人设有营业地的国家不是：（i）和解协议所规定的大部分义务履行地所在国；或者（ii）与和解协议所涉事项关系最密切的国家。"

19. 但是，会上对于使用哪些术语提及第 1 条第（1）款之下，特别是公约草案标题中的和解协议提出了问题。此外，还表达了这样的关切，即第 1 条第（1）款与第 3 条第（1）款合并可能导致结构上的瑕疵，因为其结果是一项关于适用范围的条款与规定了术语"国际"定义的条款合并在一起。

20. 在进一步审议所提议的修改意见之后，工作组普遍支持合并公约草案第 1 条第（1）款和第 3 条第（1）款。另一方面，鉴于倾向于在公约草案标题中包括"国际和解协议"（见下文第 143 段），会上提出，第 1 条第（1）款应以某种方式提及"国际"和解协议，例如，在开头语中加入"由于以下原因而具有国际性"字样，或者在该款结尾处加入以下词语："（以下称"国际和解协议"）"。关于后一种写法，会上指出，应当谨慎从事，因为公约草案其余部分只提及"和解协议"。总体上看，会上普遍支持在第 1 条第（1）款中加入"国际"一词，并请秘书处拟订一个草案供委员会审议。

21. 在做出这一修改的前提下，工作组核准了上文第 18 段所反映的公约草案第 1 条第（1）款的实质内容。

22. 关于《示范法》修正草案中可能需做出的相应调整（如第 1 条第（1）款、第 15 条第（1）款、第 15 条第（4）款、第 15 条第（5）款），工作组决定在其审议工作后面阶段单独审议（见下文第 120—127 段）。

2. 除外情形（公约草案第 1 条第（2）款和第 1 条第（3）款，《示范法》修正草案第 15 条第（2）款和第 15 条第（3）款）

23. 关于公约草案第 1 条第（2）款以及《示范法》修正草案第 15 条第（2）款中规定的除外情形，会上提出将第一目中的语句"为解决……争议而订立的"挪至该款开头语并完全删除这段语句，但这项建议未得到支持。解释说，这两类除外情形应当以不同方式加以处理，这一点已充分反映在目前的案文中。经过讨论，工作组未作修改核准了公约草案第 1 条第（2）款和《示范法》修正草案第 15 条第（2）款的实质内容。

24. 关于会上提出的一个问题，即文书草案是否应载明主管机关如何确定一项和解协议是否属于公约草案第 1 条第（3）款和《示范法》修正草案第 15 条第（3）款的范围，会上指出，这种程序主要取决于国内程序规则，因此没有必要在文书草案中为此目的规定任何具体程序。经过讨论，工作组未作修改核准了公约草案第 1 条第（3）款和《示范法》修正草案第 15 条第（3）款草案的实质内容。

C. 一般原则

25. 在需进一步审议公约草案使用"缔约国"一词是否妥当的前提下（见下文第 116—118 段），工作组未作修改核准了公约草案第 2 条和《示范法》修正草案第 16 条的实质内容。

D. 定义

26. 工作组结合对第 1 条第（1）款提出的修改建议（见上文第 18、20、21 段），审议了公约草案第 3 条。澄清说，删除第 3 条第（1）款将对其余各款的序号做出相应调整。会议进一步商定，现第 2 款（原第 1 款）将以"在第 1 条第（1）款中（……）"起头。

1. "营业地"概念

27. 工作组接下来审议了是否应扩展公约草案现第 3 条第 2 款以便还包括下述情形：当事各方在同一国家设有营业地，但和解协议却包含国际要素，例如，当事人的母公司或股东位于不同国家。会上提到，这种做法将反映当今全球商业实务以及复杂的公司结构。尽管如此，会上普遍认为，要想就一种可为不同法域普遍接受的简单、明了的写法达成一致是不可行的。还提到，如果做出这样的扩展，可能会使主管机关负担过重，因其必须对各方当事人的公司结构做出评估。此外，会上还提到，加入这样的措辞可能与有关国内法律和条例发生冲突。

28. 经过讨论，工作组未作修改核准了公约草案第 3 条第
（2）款和《示范法》修正草案第 15 条第（5）款的实质内容
（供进一步审议《示范法》修正草案第 15 条第（5）款，见下
文第 127 段）。

2. "书面要求"定义

29. 工作组未作修改核准了公约草案第 3 条第（3）款和
《示范法》修正草案第 15 条第（6）款的实质内容。

3. "调解"定义

30. 关于公约草案第 3 条第（4）款和《示范法》修正草
案第 1 条第（3）款中的"调解"定义，会上指出，这些定义
的措辞略有不同，反映了各自文书的性质。

31. 在这方面，会上表达了这样的关切，即"在其无权对
争议当事人强加解决办法的情况下"这段案文可能被解释为将
下述情形排除在文书草案范围之外：当事人无法在调解结束时
达成友好解决办法的，还要求被任命的调解人充当仲裁员。

32. 在承认"调解转入仲裁"这种做法的发展的同时，会上
提出，不妨在这些条款结尾处加上措辞"在调解时"，以澄清，调
解人无法强加解决办法这一条件局限于调解阶段。虽然对这一澄
清表示了一定支持，但会上提到，添加这段词语是不必要的，因
为目前案文适用于调解转入仲裁的情形，并且，在调解转入仲裁
的程序中，调解人只有在其开始履行作为仲裁员的职能时才能强
加一项解决办法。因此，工作组未作修改核准了公约草案第 3 条
（4）款和《示范法》修正草案第 1 条第（3）款的实质内容。

E. 申请

1. 申请的概念

33. 工作组审议了公约草案第 4 条和《示范法》修正草案第 17 条, 其中涉及当事人向主管机关提出申请的要求。

34. 一项建议是修订第 1 款开头语, 加入 "申请" 一词, 与该款标题保持一致, 写法如下。公约草案第 4 条第 (1) 款: "当事人根据本公约依赖于和解协议, 应向寻求救济所在缔约国主管机关提出申请, 并出具:(……)";《示范法》修正草案第 17 条第 (1) 款: "当事人根据本节依赖于和解协议, 应向本国主管机关提出申请, 并出具:(……)"。

35. 另一项建议是, 修改公约草案第 4 条和《示范法》修正草案第 17 条的标题, 以提及申请 "要求", 从而更好地反映其内容。

36. 在审议公约草案第 4 条和《示范法》修正草案第 17 条的过程中, 工作组确认了下述理解:这些规定应当适用于公约草案第 2 条和《示范法》修正草案第 16 条中规定的两种情形 (即:该请求涉及执行和解协议;作为针对一项请求的抗辩援用和解协议)。会上指出, 使用 "申请" 一词可以理解为仅指请求执行的程序, 而不一定指作为抗辩援用和解协议的程序。因此, 工作组商定, 文书草案应当避免使用 "申请" 一词。

37. 经过讨论, 工作组商定如下:(一)公约草案第 4 条的标题和《示范法》修正草案第 17 条的标题应改为 "对依赖于和解协议的要求";(二)公约草案第 4 条第 (1) 款的开头语和《示范法》修正草案第 17 条第 (1) 款的开头语保持不变；（三）公约草案第 4 条第（3）款和《示范法》修正草案第 17 条第（3）款中的"提出申请所在缔约国"和"提出申请的当事人"应分别改为"寻求救济所在缔约国"和"请求救济的当事人"；（四）公约草案第 4 条第（5）款和《示范法》修正草案第 17 条第（5）款中的"申请"一词应改为"救济请求"。

2. 调解所产生的和解协议

38. 工作组审议了公约草案第 4 条第（1）款（b）项和《示范法》修正草案第 17 条第（1）款（b）项，其中提供了和解协议产生于调解的证明手段的示例性、非等级清单。为强调清单并非详尽无遗并且不是罗列可能要提供的全部证据，会上提出在每个分项结尾处加上"和（或者）"。经过讨论，工作组一致认为，第（四）目已经清楚地表明这一清单的非详尽无遗性质。会上重申，工作组的理解是，只有在无法出具第一至第三目所提及的证据的情况下，才允许请求方当事人提交其他任何证据。

3. 使用术语"条件"—"要求"

39. 关于公约草案第 4 条第（4）款和《示范法》修正草案第 17 条第（4）款，工作组审议了使用"条件"还是"要求"一词。经过讨论，会议商定，为一致起见（见公约草案第 4 条第（2）款和《示范法》修正草案第 17 条第（2）款，分别提及"要求"），第 4 条应使用"要求"一词。

F. 抗辩

40. 工作组审议了公约草案第 5 条和《示范法》修正草案

第 18 条,均涉及拒绝准予救济的理由。

41. 工作组确认,这些条款所列拒绝准予救济的理由既适用于执行申请(公约草案第 2 条第(1)款和《示范法》修正草案第 16 条第(1)款),也适用于当事人援用和解协议作为对某一请求的抗辩的情形(公约草案第 2 条第(2)款,《示范法》修正草案第 16 条第(2)款)。因此,工作组商定,第 5 条应避免仅提及执行或仅提及援用和解协议的措辞。

1. 公约草案第 5 条第(1)款和《示范法》修正草案第 18 条第(1)款的起首部分

42. 按照关于公约草案第 4 条和《示范法》修正草案第 17 条中不应使用"申请"一词的决定(见上文第 36 段),工作组商定对这些条款的起首部分修改如下。公约草案第 5 条第(1)款:"根据第 4 条寻求救济所在缔约国主管机关可根据寻求救济所针对当事人的请求拒绝准予救济,唯需该当事人向主管机关提供以下证明:(……)";《示范法》修正草案第 18 条第(1)款:"本国主管机关可根据寻求救济所针对当事人的请求拒绝准予救济,唯需该当事人向主管机关提供以下证明:(……)"。

2. 公约草案第 5 条第(1)款(b)项和《示范法》修正草案第 18 条第(1)款(b)项

43. 回顾工作组以前一届会议提出的一项建议(见 A/CN.9/896,第 100 段),重申应在"无效"一词之后添加"可撤销"字样,以便明确无误地指出,(b)项的范围涵盖欺诈、错误、虚假表述、胁迫和欺骗情形。经讨论后,工作组重申其理解,即(b)项现有措辞足够宽泛,可以涵盖这些内容,并得出结论认为不必添加"可撤销"一词。

3. 公约草案第 5 条第（1）款（c）项和《示范法》修正草案第 18 条第（1）款（c）项

44. 工作组回顾以往届会曾对（c）项进行广泛讨论。会上曾提出若干建议，以期澄清其行文。

45. 关于（c）（ii）目，建议在"随后被"之后添加"大幅度"字样，以澄清小的修改不应作为拒绝执行经修改的和解协议的理由。对此指出，"大幅度"一词使得主管机关可以做出可自由裁量的或主观的评估，因此不可取。

46. 关于（c）（iii）目，作为起草问题，会上提出将"是有条件的，"一语之后"从而使得"一语改为"因为"一词。作为实质性问题，会上指出，该目现在的措辞没有适当涵盖当事人在调解后无意执行其中载明的义务，而是将和解协议作为塑造今后关系并澄清相互义务的框架的情形。会上提出，该目规定的重点应放在不打算在特定情况下履行义务上，而不是放在和解协议本身附带条件上。在这方面，会上提出，（c）（iii）目可修改如下："载有寻求救济所针对的当事人应承担的义务，这些义务不可独立于协议其他部分而执行，或者未商定在寻求救济时履行这些义务"。对此，会上澄清，目前（c）（iii）目的目的是概括现有前提条件未得到满足的情形。提出的另一项建议是，避免使用"有条件的"一词，因为该词在不同法律传统中可能会有不同法律含义。会上提出，较可取的做法是以描述方式起草该目，例如，大致写法是，"提出申请的当事人所寻求的救济与该当事人未履行的义务有关"。

47. 关于（c）（iv）目，会上提出，该目应修改如下："因其不清楚且无法理解而无法按其条款得到执行。"该建议支持者指出，这样修改将使主管机关明确，其评估的重点与和解协议条款有关。解释说，所提议的修订旨在为主管机关执行该项规定提供指导和框架。对此指出，这样的修改并没有使条文更加清晰，反而可能导致顾及某些国家法律而损害其他国家法律的后果。另一项建议是按以下写法修改该目："因其不清楚且不可理解而不能被依赖"。再有一项建议是，该目应当仅侧重于和解协议的执行条款。

48. 还有与会者认为应当删除（c）（iv）目，因其已为（b）项所涵盖，如果保留该目，可能给主管机关如何落实这一规定带来不确定性。按照同样思路，会上指出，第（1）款（c）项其实没有必要，因为其中所载理由已为第（1）款（b）项充分述及。

建议

49. 讨论之后，工作组审议了就公约草案第 5 条第（1）款（a）至（c）项和《示范法》修正草案第 18 条第（1）款（a）至（c）项提出的下述建议（"建议"）（作了必要修改）："（1）根据第 4 条寻求救济所在缔约国主管机关可根据寻求救济所针对当事人的请求拒绝准予救济，唯需该当事人向主管机关提供以下证明：（a）和解协议一方当事人处于某种无行为能力状况；（b）所寻求依赖的和解协议：（i）根据当事人有效约定的和解协议管辖法律，或者在没有就此指明任何法律的情况下，根据在第 4 条下寻求救济所在缔约国主管机关认为应予适用的法律，无效、失效或者无法履行；（ii）根据和解协议条款，不具约束力或者不是终局的；（iii）随后被修改；或者（四）[选项 A：因其执行部分不清楚或者无法理解而无法得到执行] [选项 B：非常不清楚或无法理解，以至于无法被依赖]；（c）和解协议中的义务已得到履行；（c 之二）[选项 X：

在当时普遍存在的情况下，准予救济将有悖和解协议条款]
[选项 Y：寻求救济所针对当事人在和解协议中的义务无法独
立于协议其他部分被依赖，或者尚未出现] [选项 Z：和解协
议附有条件，因为寻求救济所针对当事人在和解协议中的义务
尚未出现]；（……）"。

50. 普遍认为这项建议对措辞作了改进。关于（b）（iv）
和（c之二）中提出的选项提出了以下建议。

建议的（b）（iv）目

51. 再次提出删除（b）（iv）目，因为"清楚"或"可理
解"这样的措辞不一定为某些法域所熟悉，而且可能做出不同
解释。这项建议未获支持。

52. 普遍倾向于选项 A。为澄清"执行部分"提出了各种
建议，包括将"执行"一词改为"规范性"，或者提及和解协
议的"条款"。还有一项建议是，具体指明和解协议中的"义
务"是不清楚或无法理解的，这项建议得到支持。

53. 经过讨论，工作组商定，（b）（iv）目与（c）项合
并，在（c）项结尾处添加"或者不清楚或者无法理解"
字样。

建议的（c之二）项

54. 工作组审议了（c之二）项中提出的选项。X 选项支
持者指出，该选项避免了提及可能在不同法律制度中做出不同
理解的法律术语。解释说，在 X 选项中加入"在当时普遍存在
的情况下"是为了给主管机关提供指导。然而，会上一致认
为，这些字眼反而可能造成含糊不清，因此没有必要。会上提
出不妨按以下写法对 X 选项做出改进："准予救济将有悖和解
协议条款，除其他原因外是因为未履行和解协议中载明的规
定，或者是因为对方当事人尚未履行己方义务。"

55. 会上指出，选项 Y 含糊不清，如果保留，应当加以明确，指出寻求救济所针对当事人在和解协议中的义务与对方当事人尚未履行或者不可能履行的义务或者受限于尚未发生或者不可能发生的事件的义务有关。进一步指出，选项 Z 是基于 A/CN.9/WG.II/WP.205/Add.1 号文件所载（c）（iii）目。

56. 审议期间指出，（c 之二）项可能与公约草案第 5 条第 2 款和《示范法》修正草案第 18 条第 2 款中已经规定的公共政策例外情形重叠。

57. 经过讨论，工作组核准了（c 之二）项，其内容如下："准予救济将有悖和解协议条款"。会上确认，这种措辞的范围宽，足以涵盖下述情形：和解协议中的义务是附有条件或对等的，不履行这些义务可以有各种理由。会上指出，许多不同情形都可能影响到和解协议中义务的可执行性，特别是复杂合同安排中规定的义务，（c 之二）项应当作宽泛解释，涵盖各式各样实际存在情形。进一步强调，选项 Y 和选项 Z 中规定的情形也将包括在内。

58. 在做出上述修改的前提下（见上文第 53、57 段），工作组核准了就公约草案第 5 条第（1）款（a）至（c）项和《示范法》修正草案第 18 条第（1）款（a）至（c）项所提建议的实质内容。

4. 关于公约草案第 5 条和《示范法》修正草案第 18 条的结论

59. 经过讨论，工作组核准了公约草案第 5 条（以及经必要调整的《示范法》修正草案第 18 条）的实质内容，其案文如下：

"第 5 条　拒绝准予救济的理由

"1. 根据第 4 条寻求救济所在缔约国主管机关可根据寻求救济

所针对当事人的请求拒绝准予救济，唯需该当事人向主管机关提供以下证明：（a）和解协议一方当事人处于某种无行为能力状况；（b）所寻求依赖的和解协议：（i）根据当事人有效约定的和解协议管辖法律，或者在没有就此指明任何法律的情况下，根据在第 4 条下寻求救济所在缔约国主管机关认为应予适用的法律，无效、失效或者无法履行；（ii）根据和解协议条款，不具约束力或者不是终局的；（iii）随后被修改；（c）和解协议中的义务已经履行，或者不清楚或者无法理解；（d）准予救济将有悖和解协议条款；（e）调解人严重违反适用于调解人或者调解的准则，若非此种违反，该当事人本不会订立和解协议；或者（f）调解人未向各方当事人披露可能对调解人公正性或者独立性产生正当怀疑的情形，并且此种未予披露对一方当事人有实质性影响或者不当影响，若非此种未予披露，该当事人本不会订立和解协议。

"2. 根据第 4 条寻求救济所在缔约国的主管机关如果做出以下认定，也可拒绝准予救济：'（a）准予救济将违反该国的公共政策；'或者'（b）根据该国法律，争议事项无法以调解方式解决'"。

60. 为了从措辞上加以改进，会上提出重新编排该建议中提出的各种理由，特别是鉴于会上提出的以下意见，即某些理由是第（1）款（b）项（i）目中所规定理由的示例。为此提出了以下起草建议："（1）根据第 4 条寻求救济所在缔约国主管机关可根据寻求救济所针对当事人的请求拒绝准予救济，唯需该当事人向主管机关提供以下证明：（a）和解协议一方当事人处于某种无行为能力状况；（b）[根据当事人有效约定的和解协议的管辖法律，或者在没有就此指明任何法律的情况下，根据缔约国主管机关认为适用的法律]，有以下情形的，所寻求依赖的和解协议无效、失效或者无法履行,这些情形包括:(i)根据其条款,和解协议(1)不具约束力或者不是终局的;或者(2)随后被修改;(ii)和解协议中的义务(1)已经履行;或者(2)不清楚或者无法理解;(iii)准予救济将有悖和解协议条款;(……)"。

61. 虽然对这一措辞上的改进表示了一定支持(特别是可使公约草案第 5 条的案文和《示范法》修正草案第 18 条的案文更简洁,并着眼于促进各国通过文书草案),但会上认为,重新排列理由有实际困难,特别是在第(1)款(b)项中体现当事人自由选择适用法律的权利方面。因此,会议商定,按上文第 59 段所载保留这些条款的结构。

62. 为此,工作组注意到各代表团之间进行了广泛协商,其目的是澄清第 1 款中规定的各种理由,特别是(b)(i)目与(b)(ii)目、(b)(iii)目、(c)项和(d)项之间的关系,前者是仿照《纽约公约》的一项类似规定,并且被认为具有通类性质,后者则被认为是示例性的。会上注意到为重新排列这些理由做出的种种尝试均未成功。

63. 会上进一步提出在第 5 条中增加新的一款,为主管机关审议不同理由提供指导。其中一项起草建议内容如下:"3. 在解释并适用第 1 款下拒绝所请求救济的各种理由时,主管机关不妨考虑到第(1)款(b)项下确定的此种拒绝理由可能与第 1 款中的其他拒绝理由重叠。"工作组注意到为澄清第 1 款并视可能提供指导所做的尝试也不成功。

64. 进一步指出,鉴于这一问题的重要性,这种尝试是为避免重叠而做出的认真努力。然而,由于需要顾及不同国内法律制度的关切产生了种种困难,结果导致这些尝试未能取得共识。

65. 因此，工作组表达了这样的共同理解，即第 1 款中规定的各种理由可能互有重叠，主管机关在解释各种理由时应当考虑到这一点。

66. 经过讨论，工作组重申其核准公约草案第 5 条和《示范法》修正草案第 18 条（见上文第 59 段），但需作以下编辑上的修改。首先，（b）（ii）目和（b）（iii）目之间应加上"或者"一词，其次，（c）项应作如下修订："和解协议中的义务（一）已经履行；或者（二）不清楚或者无法理解。"

67. 关于公约草案第 5 条第（2）款（a）项和《示范法》修正草案第 18 条第（2）款（a）项中的公共政策概念，会上指出，应由每一缔约国来确定何以构成公共政策。在这方面，会议一致认为，在某些情况下，公共政策可能包括与国家安全或国家利益有关的问题。

G. 并行申请或者请求

68. 会上就公约草案第 6 条和《示范法》修正草案第 18 条第（3）款提出了一些建议，这两个条款都涉及可能影响执行和解协议的并行程序。会上回顾，其案文依据的是《纽约公约》第六条。

69. 一项建议是，这一规定应适用于寻求执行和解协议的情形以及作为抗辩援用和解协议的情形。因此，会上提出，应当使用"所寻求的救济"之类的措辞，而非"执行"。另一项建议是，应当删除"在其认为适当的情况下"字样，因其可能被认为此方案对主管机关做出是否暂停准予救济的决定提供过多的裁量权。后一项建议未获支持。

70. 经过讨论，工作组核准了公约草案第 6 条和《示范法》修正草案第 18 条第（3）款的实质内容，其案文如下

（另见下文第 139 段）："如果已经向法院、仲裁庭或者其他任何主管机关提出了一项与和解协议有关的申请或者请求，而该申请或请求可能影响到根据第 4 条正在寻求的救济，寻求此种救济所在缔约国的主管机关可在其认为适当的情况下暂停做出决定，并可应一方当事人的请求下令另一方当事人适当拒保。"

H. 与公约草案有关的问题

1. 第 7 条—其他法律或者条约

71. 工作组未作修改核准了公约草案第 7 条的实质内容。

2. 第 8 条—保留

国家及其他公共实体（第 8 条第（1）款（a）项）

72. 关于公约草案第 8 条第（1）款（a）项，会上提出以写法如下的条文替换该项："本公约的任何规定概不影响国家或国际组织在其本身和其财产方面的特权和豁免权。"这项建议未获支持。会上进一步回顾，工作组曾商定，应当给予国家一定程度的灵活性，使其能够将国家为一方当事人或者其政府机构或者代表政府机构行事的任何人为一方当事人的和解协议排除在文书草案范围之外（见 A/CN.9/896，第 62 段）。

73. 会上普遍指出，允许做出保留的目的是允许国家在将条约的某些规定适用于本国时排除或者修改其法律效力。在这方面，注意到公约草案未载有任何关于公约适用于此类和解协议的明文规定。但解释说，在对公约草案第 1 条第（1）款所规定的广泛适用范围做出解释时应当涵盖此类和解协议。

74. 进一步解释说，按第 8 条第（1）款（a）项的写法列入一条保留规定将为各国提供灵活性，从而有可能使更多国家考虑加入公约草案。

75. 关于第 8 条第（1）款（a）项规定的两个选项，会上普遍支持选项 2，因其明确规定做出此种保留的国家将限制公约草案的适用范围。为此，会上提出删除"仅"字。

76. 但是，基于公约草案不应适用于此类协议的观点，会上表达了下述看法，即公约草案应当保留选项 1，该条文可以整体列入范围条款。这一观点未获支持。

77. 经过讨论，工作组核准了第 8 条第（1）款（a）项的实质内容，其案文如下："1. 缔约国可声明：（a）对于其为一方当事人的和解协议，或者对于任何政府机构或者代表政府机构行事的任何人为一方当事人的和解协议，在声明规定的限度内，本公约不适用。"

当事人选择适用和选择不适用（第 8 条第（1）款（b）项）

78. 关于如何实际运用公约草案第 8 条第（1）款（b）项，工作组确认了下述理解：即使公约草案没有明确规定，和解协议当事人仍能够排除适用公约草案。会上还提到，对于当事人之间排除适用公约草案的此种协议，主管机关将赋予其效力，这是因为，如果一方当事人打算凭借此种协议寻求救济，将会因其违反和解协议条款而拒绝准予此种救济，这是公约草案第 5 条第（1）款（d）项和《示范法》修正草案第 18 条第（1）款（d）项所规定的（见上文第 59 段）。

79. 本着这一理解，工作组核准了第 8 条第（1）款（b）项的实质内容，未作修改。

第 8 条的标题

80. 本着第（1）款（a）项和（b）项构成保留规定的理解，工作组商定，第 8 条的标题保持不变。

不允许其他任何保留（第 8 条第（2）款）

81. 有建议提出在公约草案中列入一个类似于《纽约公约》第一条第三款的对等保留规定，但未获支持。

82. 会上提出删除第 8 条第（2）款，以便允许各国做出其他保留。会上指出，即使没有第 8 条第（2）款，根据《维也纳条约法公约》（《维也纳公约》）第 19 条，各国依然能够做出与公约草案目的和宗旨不相符的保留。

83. 对此，会上指出，由于第 8 条第（3）款允许随时做出第 8 条第（1）款规定的保留，有必要通过限制做出其他保留保持一种平衡。进一步指出，一些国际贸易私法文书列入的规定不允许未经授权的保留（例如，《联合国国际货物销售合同公约》（《销售公约》）第 98 条，《联合国国际合同使用电子通信公约》第 22 条）。会上表示了这样的关切，即如果删除第 8 条第（2）款，有可能提出各式各样的保留，特别是对公约适用范围提出保留，从而可能令商业当事方对公约所设想的制度感到迷惑并造成法律不确定性。作为例子，会上提到，如果一国按《纽约公约》第一条第三款的规定提出一项对等保留，当事方可能无法确定公约是否应予适用，因为要想确定和解协议来源国不一定可行。

84. 针对上述关切提出的另一项建议是，只允许在签署、批准、接受或者核准时做出公约草案未明确授权的保留，此种保留于交存后六个月生效，而撤回保留可以随时做出。这项建议未获支持。

85. 本着下述理解，即公约草案将在国际贸易法领域适用，而且有必要就其适用提供法律确定性，工作组商定，保留第 8 条第（2）款，不做修改。

可"随时"做出保留（第 8 条第（3）款）

86. 关于第 8 条第（3）款第四句，会上提议在"加入"

一词之后添加"或者在根据第 12 条做出声明时做出的保留"，该建议得到支持。

87. 针对下述看法，即第 8 条第（3）款规定可随时提出保留的可能性在条约实践中不同寻常，会上解释说，此种做法已为涉及国际贸易法和私法事项的条约所采用。另外，会上指出，提供这种灵活性将鼓励各国考虑加入公约。进一步表示，就公约草案第 12 条的目的而言，可能需要随时做出保留。

88. 为增进对于和解协议当事人的法律确定性，会上提出在第 8 条第（3）款中加入以下案文："在签署、批准、接受或者核准后提出的保留不得影响该保留生效之前已经提出的第 4 条下的申请。"解释说，所提议案文的目的是避免各方因随后提出的保留而被剥夺执行和解协议的可能性。这方面提到，第 8 条第（3）款最后一句已经规定了宽限期，当事人可以在此期间提起第 4 条下的程序，因此没有必要添加案文。

89. 关于所提议的案文，会上指出，"第 4 条下的申请"应改为"和解协议"。然而，会上强调，要想核实和解协议何时订立可能并非易事，因此，最好还是保留"申请"的提法。另一项建议是，公约草案不应仅着眼于保留对和解协议的效力，还应着眼于公约以及任何保留生效所产生的一般效力。

90. 接下来工作组审议了拟作为公约草案单独条款的下述案文："公约以及任何保留或者保留的撤回，只应适用于公约、保留或者保留的撤回对该缔约国生效日之后订立的和解协议。"会上进一步指出，第 15 条第（2）款最后一句应当修改如下："本公约应继续对退约生效之前订立的和解协议适用。"

91. 虽然会上指出《纽约公约》并未载有这样一条时限范围条款，但上文第 90 段中的增列条款草案以及对第 15 条第（2）款的修订意见得到广泛支持。有建议提出删除"保留的

撤回"的提法,以便于执行在撤回保留之前无法执行的和解协
议,但未获支持,因其可能给公约草案是否适用于此类和解协
议造成不确定性。

92. 经过讨论,工作组核准了上文第 90 段所概述条款草案
的实质内容,该款将列入公约草案,同时对第 15 条第(2)款
做出相应修订。

关于第 8 条的结论

93. 在做出上文第 77 和第 86 段所反映的修改的前提下,
工作组核准了公约草案第 8 条的实质内容。

3. 第 9 条和第 10 条

94. 经过讨论,工作组未作修改核准了公约草案第 9 条和
第 10 条的实质内容。在这方面,新加坡代表团对一旦公约获
得通过由其担任公约签署仪式东道国表示了兴趣。工作组对这
项提议表示欢迎和支持,会议商定将向委员会提出相应建议。

4. 第 11 条—区域经济一体化组织

95. 关于公约草案第 11 条,会上解释说,列入这一条款将
有利于区域经济一体化组织及其成员国加入公约草案。

96. 会上提议可对第 11 条第(4)款修订如下:"对于区
域经济一体化组织的规则,无论此种规则是在本公约之前或之
后通过或者生效:(a)如果向此种组织一成员国的主管机关寻
求第 4 条下的救济,并且第 1 条第(1)款下涉及的所有国家
均为任何此种组织的成员;或者(b)涉及区域经济一体化组
织成员国之间承认或执行判决的,本公约与此种规则发生冲突
时不得优先。"

97. 针对就上文第 96 段中所提议的第 11 条第(4)款

（b）项如何操作提出的问题，会上解释说，（b）项将确保，当一方当事人在区域经济一体化组织某一成员国的法院援用和解协议、但根据公约草案未准予对其救济时，法院的此种判决将在区域经济一体化组织内部传发，同时该当事人将再也无法在该区域经济一体化组织另一成员国的法院依赖于该和解协议。会上指出，实际上，这一规定将要求当事人只能在区域经济一体化组织的一个成员国寻求救济。

98. 在对第4款做出所提议的修订的前提下（见上文第96段），工作组核准了公约草案第11条的实质内容。

5. 第12条—非统一法律制度

99. 工作组审议了第12条，该条允许缔约国在签署、批准、接受、核准或者加入时声明公约延伸适用于本国的全部领土单位或仅适用于其中的一个或数个领土单位，并可随时通过提出另一声明修改其所做的声明。会上指出这一条款是国际私法文书中的既定标准条款。

100. 工作组商定，第12条的标题应为"非统一法律制度"。

101. 有建议提出删除第12条第（3）款（b）项，但未获支持，因为据说该项澄清了拥有不同领土单位国家中的"营业地"概念。

102. 另一项建议是做出以下澄清：根据第12条做出声明的缔约国将裁量决定是否随时间推移对不同领土单位做出不同保留。对此，会上指出，对不同领土单位提出或撤回保留的做法是既定做法，没有必要为此目的在公约草案中另加一个条款。

103. 经过讨论，工作组未作修改核准了公约草案第12条的实质内容，标题为"非统一法律制度"。

6. 第 13 条—生效

104. 关于第 1 款提出不同看法，该款规定，公约草案将在交存第三份批准书、接受书、核准书或者加入书之后生效。

105. 一种看法是，就公约生效规定的批准书数目应当高一些（例如，10 份批准书），原因如下：（一）公约草案生效并无紧迫性；（二）门槛定的高一些将增加对其中所设想制度的信心；（三）将鼓励各国更广泛地促进公约，以确保其生效。

106. 另一种看法是，从公约草案的目的来看，规定三项批准是合适的，因为：（一）这是国际私法条约的一般惯例和趋势，没有非要规定更高门槛的理由；（二）这将确保公约尽早生效，便于发展相关做法，从而有利于其他国家考虑加入公约；（三）将向使用调解方法的人发出积极信号，即一种关于执行和解协议的国际法律框架即将建立。

107. 虽然会上表现出一些犹豫，但经过讨论并为达成协商共识，会议商定，公约草案应在交存第三份批准书、接受书、核准书或者加入书之后生效。

108. 会上又提出在第 13 条第（2）款第一句"国家"一词之后加上"或区域经济一体化组织"，但会上一致认为第 11 条第（3）款已充分述及有关关切。

109. 工作组一致认为，以六个月为期就第 13 条的目的而言是适当的。因此，会议商定，第 1 和第 2 款中的"六"字应予保留，去掉方括号。

110. 关于措辞，会议商定，第 1 和第 2 款中的"期满后的下一个月第一日"和"之日起"应予删除。还商定，"生效"应改为"应生效"。

111. 在做出上述修改的前提下（见上文第109和110段），工作组核准了公约草案第13条的实质内容。

7. 第14条——修正

112. 工作组一致认为，第1款中的"四"个月和第4和第5款中的"六"个月是适当的，因此商定，这些数字应予保留，去掉方括号。工作组进一步商定，第3款中"联合国秘书长"的提法应改为"保存人"，与公约草案第9条保持一致。

113. 会上对第6款提出关切，因为该款确立了国家之间的差别待遇。按照第4款，修正案生效之前已成为缔约国的国家有权选择是否受该修正案的约束。相反，根据第6款，修正案生效之后成为缔约国的国家别无选择，只能接受经修正的公约。针对这一看法，即第4和第6款将造成对公约修正之前和公约修正之后的缔约国的两种不同制度，工作组同意进一步审议这一问题。会上普遍认为，修正案应当仅对明确同意修正案的国家生效。

114. 在审议各种选项之后，工作组商定，公约草案应规定：修正案仅对明确表示同意受修正案约束的国家生效，这也适用于修正之后通过公约的国家。因此，工作组商定，第14条第6款应予删除，第3至第5款内容如下："3. 通过的修正案应由保存人提交给所有缔约国，请其批准、接受或者核准。4. 通过的修正案应在第三份批准书、接受书或者核准书交存之日后六个月生效。修正案一经生效，即对已经表示同意受其约束的缔约国具有约束力。5. 在第三份批准书、接受书或者核准书交存后，如果一缔约国批准、接受或者核准一修正案，该修正案于该缔约国交存批准书、接受书或者核准书之日后六个月对其生效。"

8. 第 15 条—退约

115. 工作组一致认为，以"十二"个月为期就第 15 条的目的而言是适当的，因此商定，保留这一数字，去掉方括号。进一步商定，"期满后的下一个月第一日"应予删除。在做出这些改动以及上文第 90 段所述商定修改意见的前提下，工作组核准了公约草案第 15 条的实质内容。

9. "缔约国"

116. 关于公约草案中使用的术语"缔约国"，会上提请工作组注意这样一个事实，即《维也纳条约法公约》第二条第一款（己）项中提到的该术语是指不论条约是否已经生效均同意受条约拘束的国家。鉴于此，会上提出将"缔约国"改为"当事方"或者"当事国"，用以指同意受条约约束且根据《维也纳公约》第二条第一款（庚）项条约已对其生效的国家。

117. 对此，会上指出，使用"当事方"可能造成混淆，因为公约草案多处提及和解协议"当事人"，因此，会上提出，或许使用"当事国"更为妥当。另一项提议是使用"缔约方"，但会上指出该术语可能更容易造成混淆，而且在条约法中是一个陌生字眼。工作组还注意到，"缔约国"这一术语已经在国际贸易法领域的现有公约中使用。

118. 经过讨论，工作组商定，公约草案可暂时使用"公约当事方"这一术语。进一步澄清说，公约草案将继续在适当情况下提及"国家"。

I. 与《示范法》修正草案有关的问题

119. 工作组注意到，A/CN. 9/WG. II/WP. 205/Add. 1 号文件将《示范法》修正草案的条款分为三节编排，反映了工作组第六十七届会议上提出的建议（A/CN. 9/929）。对这一结构普遍表示支持。在《示范法》修正草案审议过程中，工作组普遍认为，指导原则是确保与公约草案一定程度的一致性，同时尽量保持《示范法》现有案文。

1. 范围

120. 工作组核准了《示范法》修正草案第 1 条第（1）款（第 1 节）的实质内容，该款载明《示范法》修正草案范围扩大后适用于国际商事调解和国际和解协议。工作组还分别核准了第 aa 条第（1）款和第 15 条第（1）款，其中分别规定了第 2 节和第 3 节的适用范围。

2. 调解和和解协议的"国际性"

121. 工作组注意到，《示范法》修正草案载有两个关于国际性概念的单独条款：（一）第 aa 条第（2）款和第 aa 条第（3）款（国际调解定义），仿照《示范法》第 1 条第（4）款和第 1 条第（5）款，（二）第 15 条第（4）款和第 15 条第（5）款（国际和解协议定义），仿照公约草案中的相应条款。

122. 工作组审议了应在达成调解约定时还是应在订立和解协议时对和解协议的国际性进行评估。

123. 后一种做法的赞成者指出，在订立和解协议时评价和解协议的国际性更符合公约草案中采取的做法。另外，这种做法还考虑到下述情况，即当事人之间不一定订有调解约定。会上进一步提出，在达成调解约定时，对第 15 条第（4）款（b）项（提及当事人在和解协议下的义务）所规定的国际性进行评价是不可行的，因为此时尚不知道履行此种义务的地点。

124. 虽然会上承认与公约草案保持一致的益处，但同时指出，国际调解的当事人可能期望这一过程所产生的和解协议的执行须由《示范法》修正草案第 3 节管辖。因此，对于和解协议的国际性与调解过程本身完全脱节，会上表示了谨慎态度。会上表示了这样的看法，即国际调解产生一项不属于第 3 节范围的纯粹国内和解协议的情形极为罕见。会上指出，参照调解约定也将有可能在提起调解时确定法律的适用性，从而为当事人提供更多的法律确定性。

125. 然而，会上重申，第 3 节中规定的国际和解协议的执行制度不应被适用于纯国内和解协议。会上指出，《示范法》第 14 条提及和解协议的可执行性，但未要求此种协议是国际性的。因此，会上提出，《示范法》第 2 节中的第 14 条可以管辖国际调解所产生的和解协议的执行，而第 3 节应当严格适用于在和解协议订立之时即为国际性的和解协议。所提议的这一做法据说保持了《示范法》中的现行做法。

126. 因此，会上提出，关于第 3 节是否还将适用于根据第 15 条第（4）款不具国际性、但产生于第 aa 条第（2）款所界定的国际调解的和解协议，应当在《示范法》修正草案中提供选项。第一个选项将建议，第 3 节应仅适用于根据第 15 条第（4）款在订立和解协议时即为国际性的和解协议。第二个选项将建议，各国也可对第 aa 条第（1）款所界定的国际调解所产生的和解协议适用第 3 节。会上指出，为一致起见，提及"国际调解"比提及"调解约定"更可取，后者无论是在《示范法》中还是在《示范法》修正草案中都不是一个作了界定的术语。

127. 经过讨论，工作组核准了第 15 条第（4）款和第 15 条第（5）款的实质内容，删除方括号内的案文。工作组还商定，第 3 节将列入一则脚注，其中纳入第二个选项，即：国家可以在第 15 条第（4）款中另加一则条款，规定和解协议产生于第 aa 条第（2）款和第（3）款所界定的国际调解即为"国际"和解协议。

3. 《示范法》第 1 条第（6）款

128. 工作组已商定不在公约草案中列入一则类似与《示范法》第 1 条第（6）款的规定。鉴于此，工作组审议了是否应在《示范法》修正草案中保留第 1 条第（6）款，如果保留，该款放在《示范法》修正草案第 1 节还是第 2 节。会上提出完全删除第 1 条第（6）款或者使其仅适用于第 3 节，但未获支持。

129. 经过讨论，会议商定，《示范法》第 1 条第（6）款应放在《示范法》修正草案第 2 节，修订后案文如下："当事人约定调解是国际调解或者约定适用本节的，本节还适用于商事调解。"

4. 《示范法》第 1 条第（7）款至第 1 条第（9）款

130. 工作组审议了《示范法》第 1 条第（7）款至第（9）款是否应放在《示范法》修正草案中保留，如果保留，应放在哪一节中保留。经过讨论，会议商定，这些条款应放在《示范法》修正草案第 2 节，"本法"一词改为"本节"。

5.《示范法》第 3 条

131. 经过讨论,会议商定,《示范法》第 3 条应放在第 2 节,适当比照提及相关条款,"法"字改为"节"。

6.《示范法》第 14 条

132. 虽然会上对在《示范法》修正草案第 2 节中保留第 14 条表达了一些关切(因为"和解协议"一词未在第 3 节中界定,而且拒绝执行和解协议的理由包括和解协议不具约束力),但会上普遍认为,第 14 条还是应当放在第 2 节中保留,因其涉及调解过程的结果,而这种结果应当是有约束力和可执行的。进一步指出,第 14 条提供了与第 3 节各条款的天然联系。会议请秘书处修订第 14 条(包括其标题),将其作为《示范法》修正草案第 2 节中的一个条款。

7. 不通过调解达成的解决争议的协议

133. 工作组接下来审议了是否有可能扩展《示范法》修正草案第 3 节的范围,使之如《示范法》修正草案脚注 4 所规定的那样适用于不通过调解达成的协议。会上提出了不同看法。

134. 一种看法是,《示范法》修正草案应当在第 3 节中列入一则脚注,说明各国似可考虑此种可能性。会上提出,在《示范法》修正草案中列入一则脚注将促进协调统一,而这正是该文书的目的之一,同时可为希望扩展第 3 节范围的国家提供足够灵活性。

135. 另一种看法是,《示范法》修正草案不应列入这样一则脚注,因为文书草案的侧重点是"调解达成的"和解协议,即使没有脚注 4 规定的这样一种说明，各国依然能够扩展《示范法》修正草案的范围，只要它们希望如此。

136. 经过讨论，会议商定，《示范法》修正草案中的脚注 4 按现在形式保留，去掉方括号。

137. 此外，会议商定，第 3 节将列入另一则脚注，其中将反映公约草案第 8 条第（1）款（b）项中的保留规定，其案文如下："一国可考虑颁布本节，使之仅在和解协议各方当事人同意适用本节的情况下适用本节。"

J. 与文书草案有关的其他问题

1. 翻译问题

138. 工作组注意到因需确保文书草案各语文文本一致性而可能产生的措辞问题，为此需要对案文做出进一步调整。会上指出，举例来说，文书草案某些语文文本可能需对"准予救济"一词做出调整。

2. 结构方面的建议

139. 审议期间提出了下述起草建议：（一）《示范法》修正草案第 18 条需与公约草案第 5 条和第 6 条保持一致，因此第 18 条第 3 款将变为第 19 条（见上文第 70 段）；（二）调整公约草案结构，使之呼应《示范法》修正草案的结构，因此需要颠倒公约草案第 2 和第 3 条的顺序；（三）修订《示范法》修正草案第 3 节的标题，以更好地反映其内容。所有这些建议均被核可。

3. 大会决议草案

140. 关于 A/CN. 9/WG. II/WP. 205/Add. 1 第 3 段中提供

的大会决议拟议案文,会上提出在结尾处加入以下措辞:"也不对签署、批准、加入或者执行其中任何一部文书确立任何预期。"另一项建议是将"同时不对[有关各国可通过的][拟通过的]文书确立任何倾向性"这段词语改为"同时不对有关国家将通过其中哪一部文书确立任何预期"。会上对是否需要添加这些词语表示疑问,因为国家在任何情况下都保有通过其中任何文书草案的自由。

141. 会上提到,大会通过《联合国投资人与国家间基于条约仲裁透明度公约》的第 69/116 号决议载有"不据此预期"这样的措辞,尽管如此,会上还回顾,加入这段词语的理由是相当不同的。

142. 经过讨论,会议商定,在"委员会决定"之后加上"同时"一词,该段最后部分的内容如下:"同时不据此预期有关国家可能通过其中任何一部文书。"

4. 文书草案的标题

143. 工作组暂时核准公约草案标题为:"联合国关于调解所产生的国际和解协议公约"。

144. 关于《示范法》修正草案的暂定标题,工作组核准了以下标题:"贸易法委员会国际商事调解以及调解所产生国际和解协议示范法,2018 年(修正 2002 年《贸易法委员会国际商事调解示范法》)。"

5. 公约草案序言

145. 工作组核准了 A/CN. 9/WG. II/WP. 205/Add. 1 号文件第 5 段中提出的公约草案序言,但需将其中的"这种争议解决办法"改为"调解"。

6. 文书草案随附材料

146. 工作组转而注意可能编写文书草案随附材料问题。会上建议提供关于《示范法》修正本修订条款和补充条款的信息以补充《示范法颁布指南》，这项建议得到支持。关于公约草案的随附材料，会上提出，工作组和委员会专门拟订公约草案各届会议的报告包含了谈判过程中分享的大量信息，应将这些报告汇编成册，然后以用户相宜的方式放在贸易法委员会网站上。

147. 有建议提出编写关于公约草案的补充性报告或解释性指导方针，但未获支持。

148. 经过讨论，工作组商定，秘书处应在资源允许的情况下汇编准备工作文件，以便于查取和方便用户。还商定责成秘书编写补充《示范法颁布指南》的案文。

五　今后的工作

149. 在完成文书草案工作之后，工作组审议了关于今后可能开展的工作的议程项目5。会上提出了各种建议。

1. 可能修订《贸易法委员会调解规则》（1980 年）和拟订关于调解的说明

150. 工作组审议了是否需要增订《调解规则》，因为该规则不一定反映了这一领域最新变化发展（见 A／CN. 9／WG. II／WP. 205 第 5 段）。可能开展工作的领域包括：提出关于调解的全面定义；确定争议诉诸调解的协议的效力；阐明指定机构机制；就调解申请内容提供补充要素以及进一步说明；增添关于预备会议的条款。会上提出，《调解规则》如加修订的话，可包括旨在加强调解的正当程序方面并阐明调解人公正性和独立性、其作用和预期行为的条款。

151. 还建议考虑拟订类似于《贸易法委员会关于安排仲裁程序的说明》的说明,目的是形成一套包括解释在内的完整的调解文书,供从业人员使用。此种说明意在供一般和普遍使用,同时考虑到其他相关组织开展的工作。

2. 仲裁速决程序和裁决

152. 会上提议研究争议速决问题并针对不同方面制定一套工具。会上提出这可能包括两个组成部分,可以同时处理:(一)制定示范规则、示范合同条款或类似工具,从而便利使用仲裁速决程序,节省仲裁费用和时间;(二)制定示范立法条文或者示范合同条款,从而便利对长期项目尤其是建筑项目使用裁决。

153. 关于第一个组成部分,解释说,仲裁速决程序近年来受到许多仲裁机构的重视,部分是因应使用者的关切:成本上升、耗时冗长,致使仲裁更加繁琐,几近诉讼。会上强调了建立速决程序共同国际框架的益处,因为通过仲裁解决简单、低价值案件的需求日益增加,而处理此类争议的国际机制缺失。

154. 关于第二个组成部分,会上指出,对于即使未就质量或付款达成一致仍必须继续进行的长期项目,裁决可能不无益处。会上注意到裁决条款得到使用,一些法域还颁布了关于裁决的立法。会上提出,可以制定示范立法条文和合同条款促进更广泛地使用裁决。

155. 会上强调指出,这两个组成部分相辅相成,一个部分提供普遍适用的工具以减少仲裁费用和时间,另一个部分则促进使用一种已证明其在高效解决特定部门争议方面富有成效的特殊手段。

3. 关于仲裁程序质量和效率的统一原则

156. 另一项建议借鉴了上述建议（见上文第 152 段），即制定关于仲裁程序质量和效率的统一原则。这些原则将以现有规范和做法为基础，采用软性法律文书或立法条文的形式。强调指出，这些原则将处理就商事仲裁程序提出的关切。确定了以下分主题：紧急仲裁；仲裁条款和非签署方；法律特权和国际仲裁；仲裁机构规则的基本统一原则；仲裁速决程序；裁决。会上强调这些原则将有助于加强仲裁框架。

4. 一般性讨论

157. 作为一般意见，会上建议，工作组关于今后工作的建议应当基于用户需要，特别是商界需要，以及工作可行性。还强调，任何工作都应当侧重于促进仲裁成为一种高效方法，并避免可能出现过度管制。进一步提到，任何决定都应当响应发展中国家的请求，某些发展中国家尚处于为解决争议建立立法框架的初级阶段。

158. 会上还建议，今后任何工作不应影响其他工作组正在开展的工作，特别是第三工作组就投资人与国家间争议解决制度改革开展的工作。会上普遍提到今后任何工作不应与其他国际组织正在筹划的工作重叠。

159. 会上普遍支持上文提到的今后工作主题（见第 150—156 段）。

160. 会上普遍支持优先考虑仲裁速决程序方面的工作，这将使仲裁的益处最大化。考虑到批评意见认为仲裁过程冗长、昂贵，会上指出，这项工作将是及时的，并将反映企业的需要。在这方面,会上指出,应当采取谨慎态度,从这一工作中排除家庭和消费者法律问题,工作重点也应是商事仲裁。还提出可以扩大这一专题范围,作为一种确保高效解决争议的手段更全面地处理速决程序问题。

161. 会上还对开展裁决方面的工作表示了一定支持。会上解释说,这方面的工作重点应当是将裁决作为一种加快程序并临时执行决定的机制——同一法庭或者另一仲裁庭将对决定进行复审。尽管如此,对于开展裁决方面的工作有一些犹豫,因其主要涉及特定行业,而且需要更详细地评估有关裁决的立法框架以及适用于裁决条款的做法。会上还询问,与仲裁速决程序方面的工作同步开展这项工作是否可行。因此提议不妨采取一种渐进办法,首先审视相关做法并评估在这一领域开展任何工作的可行性。为此,会上提出可将以下两个方面作为侧重点:(一)以裁决作为一种高效解决长期合同争议的一般手段,(二)可确保临时执行决定的手段。

162. 关于制订质量和效益的有关原则,会上强调,评估仲裁现状并进一步制定可确保仲裁继续成为一种解决争议的高效手段的原则可能不无益处。进一步指出,质量和效益在任何情况下都将构成关于仲裁的任何工作的基础。会上提出,所提议的工作范围相当广泛。因此建议,应当努力缩小工作范围,集中处理需要开展更紧迫工作的事项。会上对进行关于仲裁非签字方的工作和关于集团企业的工作表现出一些兴趣。进一步指出,这项工作不一定产生软性法律文书,而可能产生立法案文。

5. 结论

163. 讨论之后,工作组同意向委员会提出下述建议:责成秘书处（一）开展增订《调解规则》的工作，以反映当前做法并与委员会将于 2018 年最后审定的文书草案内容保持一致，（二）编写关于安排调解程序的说明。会上提出，调解方面的进一步工作应当由秘书处与调解领域专家及有关组织协商进行，最后产品可在今后一届会议上提交委员会。

164. 工作组还同意建议委员会以仲裁速决程序作为今后工作优先重点，并建议开展拟订统一原则的工作，从而有可能总括其他专题。关于裁决，工作组同意提请委员会注意这一专题，同时考虑到如上文所强调的（见上文第 161 段），可能需要提供更多信息。

后　记

　　今天，《〈新加坡调解公约〉批准与实施机制研究》一书正式与广大读者见面，这是国内出版的第一本系统研究于 2020 年 9 月 12 日正式生效的《新加坡调解公约》及其在中国批准与实施机制问题的权威著作。之所以敢于称之为"权威"，是因为该书系中国社会科学院国际法研究所研究人员在国家商务部委托项目"《新加坡调解公约》评估研究"的研究项目最终成果报告基础上撰写完成的，项目研究小组开展的研究工作及最终成果报告为中国作为首批签约国于 2019 年 8 月 7 日签署《新加坡调解公约》及签约后的相关工作开展提供了重要理论支持。

　　2019 年 8 月 7 日开放签署的《新加坡调解公约》是继 1958 年《纽约公约》生效半个多世纪后国际商事争端解决领域诞生的又一具有全球影响力的重要国际商事公约，开辟了国际法学研究的新领域，对于中国国际法学界而言同样是一项崭新的研究项目。

　　2019 年 6 月，受商务部委托，中国社会科学院国际法学研究所项目组承担了"《新加坡调解公约》评估研究"项目。在商务部领导高度重视、关心以及条法司相关领导的悉心指导下，在国际法学界及民事诉讼法学界许多专家、学者的大力支持下，项目组克服了时间短、任务急、要求高、国内外资料严重匮乏等各种困难，于 2019 年年底前按时完成了这一艰巨任务，相关研究成果得到了商务部的认可及法学界普遍好评。

作为该项目组负责人，在本书出版之际，我要特别感谢商务部李成钢部长助理，他作为商务部分管领导及中华人民共和国政府签署《新加坡调解公约》的正式授权代表始终关心研究项目的进展情况，多次做出重要指示。在参加公约签约仪式的间隙，专门接见了项目组全体成员，特别指示项目组要全面评估公约对中国的利与弊，在梳理、总结公约对我国有利方面的同时，应深入研究、客观分析加入该公约对我国可能带来的风险和挑战，不能只讲有利一面而忽视可能不利的一面，这一重要指示为项目组高质量完成项目研究工作卸下了包袱、指明了方向。

我还要在此感谢作为研究项目指导单位的商务部条法司及相关领导。在研究项目进行过程中，商务部条法司叶军巡视员、温先涛巡视员、杨秉勋调研员等相关领导及同事时刻关注项目的研究进展，随时与项目组展开讨论，提出了大量建设性意见和建议。与此同时，条法司领导和同事们不给项目组画框框、设禁区，鼓励项目组本着实事求是的科学严谨态度开展研究，不断增强项目组成员的信心和勇气，为项目的顺利完成创造了良好的氛围和条件。特别值得一提的是，温先涛巡视员作为中国政府代表团成员自始至终参与了《新加坡调解公约》谈判、起草工作，对公约的研究造诣极深，不仅为项目组贡献了许多极具价值的具体建议，而且还提供了大量宝贵的第一手谈判资料和联合国国际贸易法委员会第二工作组相关会议信息，夯实了项目研究的实证基础。在获悉项目组为推广项目研究成果拟正式出版本书的愿望时，温先涛巡视员当即表示支持，并热情地帮助项目组完善相关手续，同时将其撰写的两篇精品论文提供给我们用以丰富本书的内容，这两篇重要学术论文无疑将为本书增光添彩！

在这里，我还要感谢我曾经工作过的最高人民法院民四庭领导和同事们以及国际法学界、民事诉讼法学界、国际商事调解领域众多领导、专家学者对项目组的大力帮助和支持。在项目研究期间，这些领导、前辈和学界同仁专门抽出宝贵时间应邀多次参加项目组召开的相关学术研讨，对项目阶段性报告、最终报告都给予了很多非常宝贵的意见和建议，有的意见还十分尖锐，体现了巨大学术热忱和高度负责的科学精神，事实证明，他们提出这些意见和建议对项目组高质量完成研究项目发挥了关键性作用。

作为项目组负责人，我最要感谢的是项目组的同事们，没有他们的艰苦努力和执着精神，要在很短时间内完成这么重要的一项国家级项目是完全不可想象的。

作为中国涉外律师队伍中的佼佼者和青年才俊，中伦律师事务所合伙人孙巍律师常年跟踪《新加坡调解公约》的进展，并应邀参加联合国贸易法委员会第二工作组相关会议，为《新加坡调解公约》最终文本的诞生贡献了聪明才智，为国家赢得了荣誉。在接到项目组的邀请后，孙巍律师慨然应允，不计名利、牺牲大量宝贵时间参与项目组讨论、撰写报告，令我们十分感动。我的两位同事孙南翔博士、傅攀峰博士均是中国社会科学院国际法研究所的青年才俊，也是中国国际法学界正冉冉升起的新星，他们克服了青年学者所面临的发表论文指标要求、年度业绩考核等诸多方面的困难，为项目研究做出巨大个人牺牲，提交了高质量的研究报告，两位年轻同事的巨大支持给予我巨大的信心。实事求是地讲，作为该研究项目负责人，我本人的角色更多是组织、协调项目研究工作，最重的担子全压在了孙巍律师、孙南翔博士和傅攀峰博士的肩上，没有他们的艰辛努力，就不会完成一份高质量的项目研究报告，本书也不会呈现在广大读者面前。

最后，我还要感谢新加坡律政部及新加坡国际仲裁中心在名额极为紧张的情况下邀请中国社会科学院国际法研究所项目组全体成员赴新加坡参加 2019 年 8 月 7 日举行的《新加坡调解公约》签约仪式，使得我们有幸在现场见证全球瞩目的公约诞生的历史性时刻。感谢我的老朋友、新加坡荣休大法官黄锡义教授（Michael Hwang）为我们提供了最新的英文资料！

当前，中国政府相关部门正为最终批准《新加坡调解公约》开展相关研究和准备工作，尚有许多亟待解决的难题和必须克服的困难，诸多法律方面的理论和实践问题需要国内法学界共同努力加以解决，尽管如此，但我们应当坚定信心。正如鲁迅先生所言："什么是路？就是从没路的地方践踏出来的，从只有荆棘的地方开辟出来的。"我们项目组全体成员愿与全国国际法学界同仁一道披荆斩棘，在已取得的研究成果基础上，继续深入研究《新加坡调解公约》及相关问题，为该公约在中国最终批准及成功实施贡献自己的绵薄之力。

感谢中国社会科学出版社编辑以及我本人指导的中国社会科学院研究生院法学硕士研究生刘艳同学对本书的辛苦编辑工作。由于本人的水平有限，书中定有不当之处，均由我本人负责，亦请广大读者包容、谅解和不吝指正。

刘敬东
中国社科院国际法研究所国际经济法室主任、
研究员，博士生导师
2020 年 11 月 5 日于北京濠景阁